Credit Scoring

desenvolvimento
implantação
acompanhamento

Blucher

Abraham Laredo Sicsú

Credit Scoring

desenvolvimento
implantação
acompanhamento

Credit Scoring
© 2010 Abraham Laredo Sicsú
1ª edição – 2010
Editora Edgard Blücher Ltda.

Blucher

Rua Pedroso Alvarenga, 1.245, 4º andar
04531-012 – São Paulo – SP – Brasil
Tel.: 55 (11) 3078-5366
editora@blucher.com.br
www.blucher.com.br

Segundo Novo Acordo Ortográfico, conforme 5. ed.
do *Vocabulário Ortográfico da Língua Portuguesa*,
Academia Brasileira de Letras, março de 2009.

É proibida a reprodução total ou parcial por quaisquer
meios, sem autorização escrita da Editora.

Todos os direitos reservados pela Editora Edgard Blücher Ltda.

FICHA CATALOGRÁFICA

Sicsú, Abraham Laredo
   Credit scoring: desenvolvimento, implantação,
acompanhamento / Abraham Laredo Sicsú. -- São Paulo:
Blucher, 2010.

   Bibliografia.
   ISBN 978-85-212-0533-3

   1. Controle de crédito - Metodologia 2. Sistemas de
credit scoring I. Título.

10-01972	CDD-658.88011

Índices para catálogo sistemático:

1. Sistemas de credit scoring : Desenvolvimento,
implantação e acompanhamento: Administração 658.88011

Aos meus queridos

Andre (ZL)

Yoná (ZL)

Que com certeza curtiriam este trabalho comigo

Agradecimentos

Inicialmente, por ser justo e devido, tenho que agradecer a minha esposa Helena que foi, como em tantas outras maluquices em que me aventurei, a grande incentivadora e, pacientemente, assistiu um monte de filmes sozinha. Apesar de não ter certeza se cumprirei, prometo que no futuro serei mais presente. Um beijo forte.

Aos meus queridos pais que fizeram toda sorte de sacrifícios para que nós pudéssemos ter uma boa formação e, principalmente, pelos valores morais que nos permitiram respirar em casa.

Ao amigo João Carlos Camilo Baptista pela cuidadosa leitura das partes iniciais deste livro, quando o conhecimento de crédito era mais necessário que o de estatística. Aos amigos e colegas da EAESP/FGV, Samy Dana e Nelson Barth pelo apoio e disposição para ler os originais.

É difícil imaginar o duro caminho percorrido pelos originais até se transformarem em algo decente e legível. Aos revisores e colegas da Editora Blucher, em especial à Rose, pela paciência e dedicação na preparação deste livro.

Last, but not least, a meus queridos filhos Roberta e Marcos, e minha adorável *"reina chiquita"*, Manuela, que são, sem dúvida, a principal razão de meu esforço.

Prefácio

Desde os primeiros projetos de credit scoring sempre pude contar com a assistência de estudantes ou alunos recém-formados; hoje posso dizer que uma das maiores satisfações que tive em minha carreira foi tê-los ajudado a desenvolver-se na elaboração de modelos estatísticos. Como professor, por amor e por profissão, acreditava que isso não era suficiente e, assim, decidi escrever este trabalho, com a intenção de transmitir minha experiência, ainda que com seus vieses, para colaborar com a formação de novos valores e talvez de outros "menos novos".

Procurei escrever um livro que possa ser lido por pessoas com boa formação em exatas, não necessariamente estatísticos. Na medida do possível, evitei um formalismo excessivo, simplificando notações rigorosas e, por vezes, confusas. A sequência dos capítulos acompanha a ordem de elaboração dos diferentes passos para a definição, desenvolvimento, implantação e monitoramento dos modelos de escoragem.

Em nenhum momento tive a pretensão de fazer um tratado completo sobre credit scoring. Apenas procurei suprir uma lacuna na área, escrevendo um roteiro para orientar, passo a passo, aqueles que querem lançar-se com resolução e ânimo a este trabalho.

Os leitores que desejarem praticar – aplicando as orientações deste texto – encontrarão dois arquivos de dados, baseados em casos reais, no site <http://www.blucher.com.br>. Um dos arquivos contempla dados para pessoas jurídicas, e o outro, para pessoas físicas.

São Paulo, março de 2010.

Nota sobre o autor

ABRAHAM LAREDO SICSÚ é especialista na aplicação de métodos estatísticos nas áreas de processos, marketing e crédito. Desde 1980 atua como instrutor e consultor de grandes empresas no Brasil e no exterior. Foi um dos primeiros consultores a desenvolver modelos de credit scoring para o mercado bancário no Brasil. É professor de Métodos Quantitativos da Escola de Administração de Empresas da Fundação Getulio Vargas (EAESP-FGV), mestre em Estatística pelo Instituto de Matemática e Estatística da Universidade de São Paulo (IME-USP), M.Sc. e Ph.D. pela Stanford University (USA).

Conteúdo

1. FUNDAMENTOS 1

1.1	Risco de crédito e credit scores	1
1.2	Por que medir o risco de crédito?	3
1.3	Aplicações de credit scoring	5
1.4	Estimando risco de crédito – ideia básica	5
1.5	Cálculo dos escores	6
1.6	Probabilidade e erros de decisão	8
1.7	Premissa básica em modelos de credit scoring	8
1.8	*Application scoring* e *behavioral scoring*	9
1.9	Modelos julgamentais e modelos quantitativos	10
	1.9.1 Modelos julgamentais	10
	1.9.2 Modelos quantitativos I – Modelos generalistas	11
	1.9.3 Modelos quantitativos II – Modelos customizados	12
1.10	Roteiro para o desenvolvimento de um modelo de scoring	12
1.11	Uma nota de alerta	12

2. PLANEJAMENTO E DEFINIÇÕES 15

2.1	Objetivo do estudo	15
2.2	Análise do tipo de operação a ser considerada	17
2.3	Definição e segmentação do mercado-alvo	17
2.4	Definição de bom e mau cliente	18
2.5	Data de referência, período de performance, período histórico e safra	21

2.5.1	Data de referência	21
2.5.2	Período de performance	22
2.5.3	Período histórico	23
2.5.4	Período de concessão e safra	24

3. IDENTIFICAÇÃO DAS VARIÁVEIS PREVISORAS 25

3.1	Variáveis potenciais	25
	3.1.1 Tipos de variáveis	26
3.2	Agrupando informações em intervalos de tempo	28
3.3	Cuidados na identificação das variáveis potenciais	30
	3.3.1 Definição operacional – uniformidade na interpretação	30
	3.3.2 Confiabilidade das informações	31
	3.3.3 Informações recentes	32
	3.3.4 Disponibilidade ao longo do tempo	33
	3.3.5 Variáveis aceitáveis pelos analistas ou pela empresa credora	33
	3.3.6 Aspectos éticos e legais	34
Apêndice 3.1	Informações interessantes no desenvolvimento de modelos de credit scoring para pessoas físicas	35
Apêndice 3.2	Informações interessantes no desenvolvimento de modelos de credit scoring para pessoas jurídicas	37

4. AMOSTRAGEM E COLETA DE DADOS 41

4.1	Amostragem	41
	4.1.1 Unidade amostral	41
	4.1.2 Mercado-alvo	42
4.2	Duas formas de amostragem	43
	4.2.1 Amostragem aleatória simples	43
	4.2.2 Amostragem aleatória estratificada	44
	4.2.3 Dimensionamento das amostras	44
4.3	Amostras de desenvolvimento e validação	45
4.4	Aquisição dos dados	46
4.5	Cuidados especiais na coleta de dados	47

5. ANÁLISE DOS DADOS 49

5.1	Introdução	49
5.2	Análise univariada	50
	5.2.1 Distribuições de frequências	50

Sumário XV

5.2.2	Identificação e tratamento de inconsistências	53
5.2.3	Identificação e tratamento de *outliers* (dados discrepantes)	54
5.2.4	Identificação e tratamento de valores em branco (*missing values*)	56
5.2.5	Síndrome de "outros"	58
5.2.6	Problemas com siglas ou abreviações	58

5.3	Definição de novas variáveis	59
5.4	Discretização de variáveis	60
	5.4.1 Por que discretizar uma variável quantitativa?	60
	5.4.2 Como discretizar variáveis quantitativas?	63
5.5	Fusão de categorias de variáveis qualitativas ou quantitativas	65
5.6	Geração de variáveis *dummies*	66
5.7	Terminando a análise univariada	68

6. ANÁLISES BIVARIADAS 69

6.1	Introdução	69
6.2	Fusão de categorias	70
	6.2.1 Critérios utilizados para fusão de categorias	72
	6.2.2 Peso da evidência (WOE)	73
	6.2.3 Agrupamento pelo AID	74
	6.2.4 Comparação de duas formas de fusão de classes	74
	6.2.5 Imputação de valores para variáveis qualitativas	75
6.3	Análise do poder preditivo das variáveis	76
	6.3.1 Análise visual	77
	6.3.2 Análise utilizando a estatística IV	78
6.4	Pré-seleção de variáveis	79
6.5	Correlação entre variáveis potenciais	80

7. OBTENÇÃO DA FÓRMULA PRELIMINAR 81

7.1	Introdução	81
7.2	Características de um modelo de credit scoring	81
7.3	Quantas variáveis deve ter uma fórmula de escoragem?	82
7.4	Metodologias para obtenção da fórmula de escoragem	84
7.5	Cálculo da fórmula de escoragem com regressão logística	85
7.6	Exemplo	86
7.7	Análise da fórmula de escoragem	88
7.8	Impacto de uma variável sobre P(bom)	92
7.9	Conclusão	93

8. ANÁLISE E VALIDAÇÃO DA FÓRMULA DE ESCORAGEM..................... 95

8.1	Introdução	95
8.2	Avaliação por analistas de crédito	95
8.3	Análise estatística	96
8.4	Amostras de desenvolvimento e de teste	96
8.5	Re-escalonamento dos escores	98
8.6	Classes de risco para análise do modelo	100
	8.6.1 Distribuições coluna	100
	8.6.2 Distribuições linha	102
8.7	Indicadores de poder discriminador	104
	8.7.1 KS – Índice de Kolmogorov-Smirnov	105
	8.7.2 AUROC – *Area Under Receiver Operating Characteristic*	107
	8.7.3 Coeficiente de Gini	110
	8.7.4 Perfil de Eficiência Acumulada (CAP)	110
	8.7.5 D de Sommers	111

9. APERFEIÇOANDO O MODELO.. 113

9.1	Utilização das informações dos proponentes recusados (*reject inference*)	113
	9.1.1 Alternativa 1: considerar todos os recusados como maus	116
	9.1.2 Alternativa 2: extrapolação I (extrapolação simples)	116
	9.1.3 Alternativa 3: extrapolação II (*parceling*)	118
	9.1.4 Alternativa 4: ponderação (*augmentation*)	119
	9.1.5 Analisando os resultados da inferência dos recusados	120
9.2	Tratamento de outros clientes não considerados no modelo	120
9.3	Interação de variáveis	121

10. IMPLANTAÇÃO DO MODELO.. 125

10.1	Introdução	125
10.2	Regras para tomada de decisão	126
	10.2.1 Filtros de crédito	126
	10.2.2 Definição do ponto de corte	126
	10.2.2.1 Dois pontos de corte e região cinza	128
	10.2.3 Classes de risco	128
	10.2.4 Regras para interferência (*overrides*)	131
10.3	Documentação	133
	10.3.1 Diário de bordo	134

Sumário xvii

10.4	SADC – Sistema de Apoio à Decisão de Crédito	134
10.5	Aspectos técnicos da implantação do credit scoring	135
	10.5.1 Detalhamento para a área de informática	135
	10.5.2 Segurança do sistema de cálculo dos escores	136
	10.5.3 Homologação do sistema	137
	10.5.3.1 Teste do sistema de cálculo de escores e classificação em classes	137
	10.5.3.2 Teste de operação do sistema	138
	10.5.3.3 Homologação	138
	10.5.4 Envolvimento de outras áreas	138
10.6	Educação e treinamento dos usuários	139
10.7	Liberação para operação de rotina	140

11. GESTÃO E MONITORAMENTO DO MODELO 141

11.1	Introdução	141
11.2	Auditoria	141
	11.2.1 Quando realizar as auditorias	142
	11.2.2 Como realizar a auditoria	142
	11.2.3 O que verificar	142
	11.2.4 Relatório da auditoria	144
11.3	Monitoramento da estabilidade populacional	144
	11.3.1 Introdução	144
	11.3.2 O que monitorar	145
	11.3.3 Periodicidade	146
	11.3.4 Distribuições de referência	147
	11.3.5 Amostragem e informações para monitoramento	148
	11.3.6 Análise da estabilidade populacional	148
	11.3.6.1 Análise visual	148
	11.3.7 Análise estatística	149
	11.3.7.1 Teste de Kolmogorov-Smirnov	151
	11.3.7.2 Teste utilizando a medida de divergência de Kulback (IV ou IEP)	152
	11.3.7.3 Análise das distribuições das variáveis	153
11.4	Ações em caso de instabilidade populacional	155
	11.4.1 Instabilidade dos escores – ações de contingência	155
11.5	Monitoramento do desempenho de um modelo	157
	11.5.1 Introdução	157

11.5.2	Amostragem para avaliação de desempenho	158
11.5.3	Indicadores de desempenho não estatísticos	158
11.5.4	Monitoramento do desempenho do modelo utilizado à medida AR	159
11.5.5	Exemplos de relatórios de acompanhamento	160
11.6	Matriz de migração	161
11.6.1	Análise da matriz de migração	161

REFERÊNCIAS BIBLIOGRÁFICAS 163

APÊNDICE 1 ANÁLISE DISCRIMINANTE E REGRESSÃO LOGÍSTICA 165

A1.1	Introdução	165
A1.2	Função discriminante linear	165
A1.3	Regressão logística	166
A1.3.1	Estimação dos parâmetros β	168
A1.3.2	Seleção de variáveis	168
A1.3.3	Análise do ajuste do modelo	171
A1.3.4	Correções para o caso de amostragem estratificada	171

APÊNDICE 2 LIVRARIAS DORELA 173

A2.1	Análise das variáveis e transformações	175
A2.1.1	IDADE – Em anos completos	175
A2.1.2	UNIFED – Unidade da Federação em que reside	176
A2.1.3	RESID – Tipo de residência	176
A2.1.4	FONE – Telefone residencial	177
A2.1.5	INSTRU – Grau de instrução	177
A2.1.6	CARTÃO – Possui cartão de primeira linha?	178
A2.1.7	RESTR – Possui desabonos (protesto, cheque sem fundos e ações de busca e apreensão) em To?	178
A2.1.8	FICÇÃO – Comprou apenas livro(s) de ficção?	179
A2.1.9	NÃO FICÇÃO – Comprou apenas livro(s) de não ficção?	179
A2.1.10	AUTOAJUDA – Comprou apenas livro(s) de autoajuda?	179
A2.1.11	CATEG – Compra dois ou mais livros de diferentes tipos?	180

1

Fundamentos

1.1 RISCO DE CRÉDITO E CREDIT SCORES

A concessão de crédito é uma decisão sob condições de incerteza. Em empréstimos, vendas a prazo, prestação de serviços etc., quer o crédito seja solicitado ou quer seja oferecido pelo credor, sempre existe a possibilidade de **perda**. Se o credor puder estimar a **probabilidade** de que essa perda ocorra, sua decisão será mais confiável.

Em termos gerais, quando houver perda em uma operação de crédito, diremos que o cliente foi "**mau**"; caso contrário, diremos que o cliente foi "**bom**". Eventualmente, poderemos definir clientes "**intermediários**". Uma discussão sobre a forma de definir bons e maus clientes será apresentada no Capítulo 2.

O objetivo dos modelos de credit scoring é prever, na data da decisão do crédito, a probabilidade de que o crédito, se concedido, incorra em perda para o credor. À probabilidade disso ocorrer, ou seja, à **probabilidade de perda** em uma operação de crédito denominamos **risco de crédito**.

Risco de crédito = Probabilidade de perda

A estimativa dessa probabilidade é função das características do solicitante de crédito e da operação. Há várias formas de estimar essa probabilidade. Este livro trata da estimação do risco de crédito por meio de técnicas estatísticas.

O **credit score** é uma medida do risco de crédito. **Modelos de credit scoring** é a denominação genérica dada no mercado para as fórmulas de cálculo dos escores de crédito.

Os escores de crédito têm a finalidade única de **quantificar o risco de crédito**. A forma em que essa informação é utilizada para tomar a decisão de conceder ou não o crédito, para estruturar a operação definindo taxas, garantias, prazos etc., é atribuição dos gestores de crédito.[1] Para operacionalizar um processo de concessão e gestão de crédito faz-se necessário, além do modelo de cálculo dos escores, uma política de crédito bem-definida, um sistema de informações gerenciais com dados do cliente, operação, formas de pagamento, políticas de cobrança etc.

A implantação e gestão de um processo automatizado de análise e decisão de crédito requerem a geração e atualização permanente de um **sistema de informações gerenciais** com dados sobre os solicitantes de crédito, as operações realizadas, os registros da forma de pagamento dos créditos concedidos e do processo de cobrança. Essa base de dados permitirá, para diferentes faixas de escores:

— rever a adequação dos limites de crédito dados aos clientes;

— avaliar a intensidade e forma de uso de determinado produto de crédito (cartão de crédito, por exemplo);

— analisar/monitorar o perfil dos clientes potenciais do credor para orientar estratégias de marketing, como a segmentação do mercado ou a oferta de novos produtos de crédito.

Os escores de crédito podem ser calculados considerando apenas as características do solicitante de crédito, o chamado **risco cliente**, ou, de forma mais ampla, considerando também características da operação (**risco cliente & operação**). Dada uma solicitação de crédito, quanto maior o número de informações disponíveis, mais confiável será a estimativa do risco. Por isso, é preferível calcular o escore considerando também as características da operação.

Os conceitos de **credit scoring** e **rating** são distintos. Enquanto o credit scoring é um processo basicamente quantitativo, a determinação do rating de uma pessoa jurídica ou física depende em grande parte de avaliação subjetiva, podendo ou não contemplar métodos quantitativos como parte do processo. No entanto, é comum

---

[1] Em uma analogia simples, o escore de credito está para o decisor de crédito assim como um termômetro está para o médico. O termômetro fornece apenas uma das avaliações do paciente. Caberá ao médico proceder de acordo com essa e outras informações adicionais. O que não se pode esperar é que medir a temperatura (medida de risco) cure o paciente.

Fundamentos

encontrarmos no mercado, sob a denominação de *ratings,* pontuações de empresas que na realidade são escores de crédito.

Apesar de credit scoring referir-se especificamente à avaliação do risco de crédito, é comum no mercado designar dessa forma outros modelos que podem ou não estar ligados ao crédito. Por exemplo, modelos para prever o cancelamento voluntário de um cliente do cartão de crédito (*churning*) ou para identificar o perfil de clientes que respondem à oferta de crédito por mala direta, são modelos que utilizam as mesmas técnicas estatísticas que o credit scoring, razão pela qual são inadequadamente denominados modelos de credit scoring.

Uma aplicação importante, ligada diretamente à gestão de crédito, são os modelos de **collection scoring** utilizados como instrumentos para orientar as estratégias de cobranças. Os clientes inadimplentes são classificados em classes de acordo com seu escore de cobrança e, para cada classe, aplicam-se diferentes estratégias de cobrança. O uso destes modelos não só melhora o relacionamento com os clientes, pois permite aplicar a estratégia adequada a cada caso, como também reduz as despesas com cobranças desnecessárias. Ademais, auxilia na previsão de perdas e custos de cobrança.

1.2 POR QUE MEDIR O RISCO DE CRÉDITO?

O risco de uma solicitação de crédito pode ser avaliado de forma subjetiva ou medido de forma objetiva utilizando metodologia quantitativa. A avaliação subjetiva, apesar de incorporar a experiência do analista, não quantifica o risco de crédito. Dizer que uma empresa é de alto risco não é suficiente para estimar de maneira precisa as perdas ou ganhos esperados com a operação e, consequentemente, tomar a decisão mais adequada.[2]

Medir o risco de crédito de forma objetiva, utilizando técnicas quantitativas, apresenta uma série de vantagens:

— **Consistência nas decisões**: se submetermos uma mesma solicitação de crédito a diferentes analistas, poderemos obter diferentes avaliações subjetivas, pois a

---

[2] Por analogia, dizer que uma pessoa é "obesa" não é suficiente para recomendar o tratamento adequado. Ela pode pesar 120 kg ou 220 kg, o que, convenhamos, é uma diferença significativa. Com certeza os tratamentos para reduzir a obesidade diferirão nesses dois casos.

experiência e o envolvimento com o cliente diferem entre eles. Ademais, um mesmo analista pode dar diferentes avaliações para uma mesma proposta se submetida em momentos diferentes. É humano! No entanto, isso não ocorrerá se aplicarmos um modelo quantitativo de credit scoring. Mantidas inalteradas as características da solicitação (do cliente e da operação), o escore será o mesmo, independentemente do analista, da agência ou da filial do credor.

— **Decisões rápidas**: os recursos computacionais hoje disponíveis permitem que o escore seja computado quase que instantaneamente, logo após cadastrar os dados da solicitação. Centenas ou milhares de decisões podem ser tomadas em um dia, de forma segura e consistente! A pronta resposta a um cliente potencial é uma vantagem competitiva do credor.

— **Decisões adequadas**: em função do risco quantificado, o credor poderá adotar diferentes regras de concessão do crédito.

  – O conhecimento das probabilidades de perda permite calcular perdas e ganhos esperados com as operações. Isso permite **precificar** as operações de forma adequada.

  – Os clientes podem ser divididos em classes de risco conforme seu escore. Para cada classe, o credor pode (deve!) adotar diferentes regras de concessão de crédito, diferenciando, por exemplo, as taxas a aplicar. Ao reduzir essas taxas para clientes de baixo risco, terá como efeito a conquista de maior número de clientes, ou seja, de ampliação de mercado.

— **Decisão à distância**: atualmente, com os recursos de transmissão de dados disponíveis, o credor não precisa alocar um analista de crédito em cada loja ou filial. O vendedor imputa os dados no ponto de venda e, logo após submeter essas informações, receberá a decisão de crédito em sua tela.

— **Monitorar e administrar o risco de um portfólio de crédito**: sem a quantificação do risco individual esta tarefa é inviável. Para a avaliação do risco do portfólio são necessárias, além dos escores, outras medidas que não serão discutidas neste texto.

A utilização de medidas objetivas para o risco de crédito permite também:

— verificar o grau com que atendemos aos requisitos de órgãos reguladores;

Fundamentos **5**

— estabelecer uma linguagem comum entre os decisores de crédito e

— definir níveis de alçada para concessão de crédito.

Apesar de não conhecermos trabalhos publicados no Brasil, comparando os resultados da aplicação de modelos de credit scoring com os resultados decorrentes da análise "tradicional" de crédito, informações que nos têm sido fornecidas por responsáveis pelas áreas de crédito de instituições financeiras sugerem que os resultados dos modelos de credit scoring são bem superiores!

1.3 APLICAÇÕES DE CREDIT SCORING

A aplicação dos modelos de scoring é fundamental para a decisão de crédito em massa. Nestas operações o número de solicitações ou ofertas de crédito a serem analisados em um pequeno intervalo de tempo é muito alto. Alocar analistas de crédito experientes não compensaria em termos financeiros, pois os valores envolvidos em uma operação são relativamente pequenos e a relação custo operacional/benefício não é favorável. Isso, admitindo que dispuséssemos de um exército de bons analistas, o que sabemos não ser possível. Ademais, a negociação das taxas de juros e condições das operações com cada solicitante de crédito não é viável. A necessidade de um processo automatizado de análise e decisão de crédito é necessária e, portanto, os modelos de scoring aqui encontram seu nicho principal de aplicação.

Todavia, quando o valor do crédito a ser negociado é suficientemente alto, a alocação de um ou mais analistas experientes para analisar a operação com um maior nível de detalhamento é a opção recomendável. Nestes casos o escore de crédito ainda é importante por ser um indicador confiável do risco do cliente e da operação.

1.4 ESTIMANDO O RISCO DE CRÉDITO – IDEIA BÁSICA

A ideia que fundamenta as técnicas de credit scoring é simples. Para melhor entendê-la, vamos considerar um exemplo: suponhamos que no financiamento de automóveis o credor analisa apenas três características dos solicitantes. O tipo de residência (própria ou alugada) na data da solicitação, se o solicitante possui protestos em aberto (sim ou não) na data da solicitação e se o automóvel objeto da operação é novo ou usado. A experiência do credor com clientes que receberam financiamentos no passado mostrou os seguintes resultados:

Tabela 1.1 Financiamento de automóveis

Auto	Residência	Protestos	Adimplentes	Inadimplentes
Novo	Própria	Não	98,0%	2,0%
Novo	Própria	Sim	85,0%	15,0%
Novo	Alugada	Não	92,0%	8,0%
Novo	Alugada	Sim	79,0%	21,0%
Usado	Própria	Não	87,0%	13,0%
Usado	Própria	Sim	70,0%	30,0%
Usado	Alugada	Não	79,0%	21,0%
Usado	Alugada	Sim	61,0%	39,0%

Se um solicitante requisita financiamento para um veículo novo e na data da solicitação possui casa própria, mas tem protestos em aberto, então, com base em sua experiência, o credor estima que ao conceder o financiamento corre um risco de 15% de que o cliente se torne inadimplente.

O escore pode ser a própria probabilidade de perda ou uma função dessa probabilidade. Caberá ao analista de crédito decidir se concede ou não o crédito, a taxa de juros, prazos etc. em função dessa probabilidade.

O exemplo anterior mostra a lógica das técnicas quantitativas utilizadas para prever o risco de um futuro cliente. Com três variáveis, cada uma com apenas duas categorias, não necessitamos modelos mais refinados para estimar as probabilidades de inadimplência. À medida que o número de variáveis aumenta, o número de combinações aumenta exponencialmente. Por exemplo, com 20 variáveis binárias (ou seja, cada variável apresenta apenas duas categorias), teremos 1.048.576 combinações possíveis. A tabela correspondente para analisar as probabilidades de inadimplência (equivalente à Tabela 1.1 acima) teria mais de um milhão de linhas e a amostra para dar informações em cada uma dessas combinações teria que ser gigantesca. Problemas reais podem envolver algumas centenas de variáveis, a maior parte com mais de duas categorias. A análise só é viável com o auxílio de avançadas técnicas quantitativas.

1.5 CÁLCULO DOS ESCORES

Utilizando técnicas de análise estatística, os escores são geralmente calculados atribuindo-se pesos a variáveis que caracterizam o solicitante[3] e a operação. A seleção

---

[3] Para não cansar o leitor, vamos utilizar o termo **solicitante** de forma genérica daqui em diante. No entanto, pode ser um solicitante de crédito, PJ ou PF, ou um indivíduo ao qual o crédito foi oferecido pelo credor.

Fundamentos

das variáveis a serem utilizadas e os respectivos pesos são obtidos com auxílio de softwares estatísticos. Por exemplo, podemos ter uma função do tipo

$$Z = 25 + 2 \times X_1 - 5 \times X_2 - 8 \times X_{13} - 6 \times X_{31}$$

em que
X_1 = Idade
X_2 = Comprometimento de renda
X_3 = Número de protestos em aberto
X_4 = Número de parcelas do financiamento

No passado costumava-se apresentar a fórmula no formato de uma planilha denominada *scorecard*, provavelmente para facilitar que o analista calculasse "à mão" o escore do solicitante. O Quadro 1.1 apresenta um *scorecard* (com pesos fictícios) para calcular o escore de um solicitante.

Se um cliente reside em casa própria, tem 32 anos, é empresário, possui cartão de primeira linha e no ato da solicitação de crédito tem desabonos em aberto, seu escore será igual a 30 + 15 + 10 + 40 – 40 = 55.

Várias são as técnicas quantitativas que podem ser utilizadas para calcular os escores. Hoje, provavelmente, as técnicas quantitativas mais utilizadas são as técnicas estatísticas de análise discriminante; em particular, a regressão logística.

Quadro 1.1 *Scorecard*

Variável	Pesos			
Tipo de residência	Própria	Alugada	Outras	
	30	10	–15	
Idade (anos completos)	25 ou –	26-35	35–50	51 ou +
	10	15	30	50
Ocupação	Empresário	Funcionário	Autônomo	Não informada
	10	25	–15	–20
Possui cartão de crédito de primeira linha	Sim	Não		
	40	0		
Desabonos	Sim	Não		
	–40	10		

8

Credit Scoring

1.6 PROBABILIDADE E ERROS DE DECISÃO

Em todo processo de tomada de decisão entre duas alternativas, podem-se cometer dois tipos de erro. No caso da decisão de crédito, um erro é recusar a solicitação de um solicitante que, apesar de ter perfil de alto risco, honraria seu compromisso caso recebesse o crédito. Outro erro é aprovar uma operação de crédito que irá implicar perdas no futuro.

Admitamos, por exemplo, que a estimativa da probabilidade de que um solicitante com determinado perfil se torne inadimplente seja igual a 0,80 (80% de chances). Isso significa que, a cada 100 tomadores de crédito com esse perfil, aproximadamente 80 se tornarão inadimplentes. É quase certo que negaríamos o crédito solicitado. Ao decidir dessa forma, estaríamos negando o crédito a 20% dos solicitantes que, mesmo apresentando esse perfil de alto risco, não se tornariam inadimplentes. Para esses 20%, a decisão seria incorreta e injusta. Esse tipo de erro tem um custo de difícil estimação: o custo de deixar um "bom" cliente insatisfeito. Além do custo relativo à não realização da operação, podemos ter o custo da eventual perda do cliente.

Por outro lado, admitamos que, para um determinado perfil, a probabilidade de um solicitante tornar-se inadimplente seja igual a 0,02, isto é, 2%. Neste caso a tendência seria conceder o crédito. Se concedermos crédito a clientes com esse perfil, a cada 100 clientes, teremos aproximadamente 2 inadimplentes. O custo desse erro é mais fácil de estimar que no caso anterior; contempla a perda total ou parcial do montante emprestado e os demais custos operacionais.

Em suma, ao tomar decisões com base em probabilidades, temos dois tipos de erros:

— Erro I: negar o crédito a um solicitante que seria um bom cliente.

— Erro II: conceder o crédito a um solicitante que será um mau cliente.

Tabela 1.2 Classificação das decisões de crédito

	Decisão	
	Aprovar crédito	Negar crédito
Bom cliente	Correta	Erro I
Mau cliente	Erro II	Correta

1.7 PREMISSA BÁSICA EM MODELOS DE CREDIT SCORING

Para o desenvolvimento de modelos de credit scoring, baseamo-nos em amostras de clientes aos quais concedemos crédito no passado. Isso significa que estamos

Fundamentos

supondo que, no futuro, quando aplicarmos esses modelos, o comportamento dos novos solicitantes será igual ao dos clientes no passado.

Comportamento futuro ~ Comportamento passado

Ainda que esse "passado" seja recente (um ou dois anos antes da data de avaliação do risco desses novos solicitantes), as mudanças nas condições socioeconômicas do local podem ter mudado. Consequentemente, o comportamento dos clientes face aos compromissos assumidos também pode mudar.

No Brasil, antes de 1994, a premissa de que o futuro seria igual ao passado era frequentemente falsa. Era comum termos os famosos "pacotes econômicos" que, de um dia para outro, alteravam a operação do mercado de crédito e tinham sérias implicações sociais. Este autor, em várias situações, viu-se na necessidade de descartar amostras recém-coletadas, posto que muitos dos clientes considerados nessas amostras não tinham condições de tomar crédito em função das novas regras de mercado.

Como veremos no Capítulo 11, o monitoramento do modelo de credit scoring, enquanto estiver em operação, para detectar possíveis mudanças em relação às condições vigentes em seu desenvolvimento é muito importante para garantir a eficácia do modelo.

1.8 *APPLICATION SCORING E BEHAVIORAL SCORING*

Os modelos de credit scoring podem ser aplicados a solicitantes de crédito com os quais o credor não teve experiência anterior ou a solicitantes que já tomaram crédito desse credor. Os modelos desenvolvidos para "novos" solicitantes de crédito são denominados modelos de *application scoring*. Os modelos desenvolvidos para clientes ou ex-clientes de crédito do credor são denominados modelos de *behavioral scoring*.

A diferença entre esses modelos reside nas variáveis utilizadas para estimar o risco de crédito. Nos modelos de *behavioral scoring*, utilizamos, além das informações consideradas no *application scoring*, informações relativas a créditos anteriores. Por exemplo, se um cliente honrou com pontualidade empréstimos anteriores, essa informação contribuirá de forma positiva no cálculo do escore. Outrossim, se no passado o cliente atrasou várias parcelas, seu escore será reduzido em razão dessa experiência negativa.

Os modelos de *behavioral scoring*, por incorporar essas preciosas informações sobre experiências de crédito com o cliente, tendem a fornecer modelos com **maior poder de discriminação** que os modelos de *application scoring*. Isso significa que a probabilidade de perda calculada com um modelo de *behavior scoring* tende a ser mais exata que a estimada com o modelo de *application scoring*. Devemos apenas ter cuidado ao aplicar modelos de *behavior scoring* considerando experiências de crédito em passado remoto, posto que as condições do proponente ou as regras do mercado de crédito podem ter mudado.

1.9 MODELOS JULGAMENTAIS E MODELOS QUANTITATIVOS

A fórmula para cálculo do escore pode ser obtida de diferentes maneiras:

— modelos qualitativos ou julgamentais;

— modelos quantitativos;

  – modelos de *bureau* (generalistas);

  – modelos específicos (customizados).

1.9.1 Modelos julgamentais

Antes de discutir estes modelos, devemos ressaltar que não estamos nos referindo à análise de crédito "tradicional", baseada na análise de documentos financeiros e outras informações do solicitante. Referimo-nos a fórmulas para o cálculo de escores cujas variáveis e respectivos pesos são definidos de forma subjetiva.

Estes modelos são recomendados, como última opção, quando não dispomos de dados suficientes para desenvolver um modelo estatístico. Por exemplo, para novos produtos de crédito ou quando o credor se instala em uma região na qual nunca atuou antes.

Para elaboração desses modelos, o analista baseia-se em sua experiência na área de crédito e em modelos quantitativos com os quais tenha trabalhado anteriormente. Existe um risco de modelagem inerente ao processo. A experiência anterior pode não valer para a concessão de crédito sob as novas condições. Características que para determinados produtos de crédito podem ter efeito negativo no escore, para outros produtos podem ser neutras ou ter efeito positivo. Como já ressaltamos, a subjetividade do processo pode implicar que um mesmo analista, construindo a fórmula em dias diferentes, chegue a valores distintos para os pesos de cada variável e, até mesmo, divirja quanto às variáveis a incluir na fórmula.

Fundamentos

A vantagem em trabalhar com estes modelos reside em permitir a automação das decisões e, portanto, aumentar a produtividade e a consistência das decisões. Por outro lado, estes modelos não permitem quantificar a probabilidade de perda. Essa probabilidade é o elemento mais importante na avaliação do risco de crédito.

1.9.2 Modelos quantitativos I – Modelos generalistas

Empresas de informações comerciais disponibilizam modelos de scoring generalistas. São modelos que estimam o risco de crédito de um indivíduo, PJ ou PF, sem considerar uma operação específica ou o mercado específico do credor. Os modelos generalistas são uma solução interessante no caso de novos produtos ou novos mercados, para os quais o credor não dispõe de base de dados. Permitem a automação da avaliação do risco de crédito e a estimativa da probabilidade de que o tomador de crédito se torne mau cliente no decorrer da operação. No entanto, essa estimativa, conforme explicamos no parágrafo seguinte, não é muito satisfatória.

Para elaboração desses modelos, a definição de mau cliente é em função da ocorrência de um ou mais desabonos (cheques sem fundo, protestos, pendências financeiras com instituições financeiras ou fornecedores etc.) em determinado período. Isso porque as empresas de informações comerciais, em geral, não possuem informações completas sobre o desempenho de um cliente em uma operação de crédito. O credor, após solicitar ao *bureau* de crédito as informações relativas ao solicitante, não dá retorno quanto à sua decisão (conceder ou não o crédito) nem presta informações relativas ao comportamento do tomador face ao crédito concedido (atrasos, rolagem de dívida, recuperação de crédito etc.). Esta definição de mau cliente difere, quase sempre, da definição adotada internamente pelo credor.

Em geral, um modelo genérico não foca o mercado específico do credor nem a operação de crédito a que se destina a avaliação do risco. Ainda que desenvolvidos para um mercado específico, varejo de roupas, por exemplo, clientes de diferentes lojas podem pertencer a classes sociais bastante distintas. O cliente de uma boutique que trabalha com produtos de grife certamente é diferente do cliente de uma cadeia de lojas de roupas populares. Certas características utilizadas no cálculo dos escores podem discriminar tomadores de uma classe social e não ter o menor efeito em outra classe. Por exemplo, o tipo de residência não fará muita diferença para discriminar clientes de uma classe social alta, em que praticamente todos possuem casa própria.

Na classe de renda mais baixa essa variável poderá fazer muita diferença no cálculo do escore. Em um modelo generalista, os solicitantes de uma ou da outra classe serão tratados da mesma forma.

1.9.3 Modelos quantitativos II – Modelos customizados

Sem dúvida, estes são os modelos mais adequados para avaliar o risco de crédito. São desenvolvidos levando em consideração o mercado específico do credor, as características das operações a que se destina o modelo e, o que é muito importante, a sua definição de perda na operação.

Estes modelos permitem estimar com maior acuidade o risco de crédito.

1.10 ROTEIRO PARA O DESENVOLVIMENTO DE UM MODELO DE SCORING

Nos capítulos seguintes, vamos apresentar as diferentes etapas no desenvolvimento, na implantação e gestão de um modelo de escoragem. Os capítulos estão ordenados na sequência de trabalho para alcançar esses objetivos. Em síntese, as principais etapas são:

— planejamento e definições;

— identificação das variáveis potenciais;

— planejamento e seleção da amostra;

— análise e tratamento dos dados;

— cálculo da fórmula de escoragem;

— análise e validação da fórmula;

— ajuste final do modelo.

1.11 UMA NOTA DE ALERTA

Antes de decidir desenvolver um modelo de credit scoring é fundamental avaliar se a medição do risco de crédito com modelos estatísticos é coerente com os objetivos e as estratégias da empresa. Essa questão é extremamente importante, pois já testemunhamos casos de empresas que desenvolveram excelentes modelos, mas nunca os implantaram.

A utilização de modelos de credit scoring representa uma transformação radical na cultura de crédito de uma empresa. Como toda mudança cultural, o número de

Fundamentos

barreiras, geradas consciente ou inconscientemente, são muitas e o comprometimento da alta direção é vital para o sucesso dessa transformação. Se a decisão de desenvolver o modelo não parte da alta direção da empresa, em função de metas e estratégias muito bem-definidas, dificilmente teremos sucesso. O comprometimento da direção do credor contempla a participação efetiva nas definições dos parâmetros do modelo, o acompanhamento do desenvolvimento em reuniões periódicas, a criação de facilidades e a priorização das tarefas de implantação do sistema de concessão apoiado no credit scoring e do acompanhamento regular dos resultados obtidos. Não basta enviar um punhado de analistas juniores a cursos de modelagem, comprar softwares avançados, contratar estatísticos etc.

Outro problema é saber se o que a empresa credora realmente necessita é um modelo de credit scoring. Nem tudo que requer estatística é credit scoring! Às vezes, pode ser que o objetivo a ser alcançado não dependa do desenvolvimento desse modelo, mas, sim, de outro tipo de análise estatística. Por exemplo, um caso interessante foi o de uma grande empresa varejista que desenvolveu um modelo de credit scoring para identificar regiões com baixa inadimplência. O credit scoring pode ter ajudado, mas uma simples análise exploratória de dados bastaria para suprir essa necessidade.

Finalmente, a empresa credora, ainda que contrate os serviços de uma consultoria para o desenvolvimento do projeto, deve envolver-se e participar das diferentes fases do projeto. Não é necessário ser estatístico para entender e contribuir com as diferentes etapas do projeto. O conhecimento do produto e do mercado em que o credor atua, da disponibilidade das variáveis que podem ser úteis no desenvolvimento do modelo, de restrições ou limitações impostas pela cultura do credor, entre outros aspectos são extremamente relevantes para a obtenção de um sistema de concessão de crédito eficaz apoiado no modelo de credit scoring.

2

Planejamento e definições

2.1 OBJETIVO DO ESTUDO

As primeiras etapas do desenvolvimento de modelos de credit scoring são importantes para o sucesso do projeto. A alta direção do credor, especialmente da área de crédito, necessita definir uma série de parâmetros e objetivos que orientarão o desenvolvimento do modelo. Essa responsabilidade não pode ser delegada. Há casos em que a equipe ou o analista de crédito responsável pelo desenvolvimento do modelo assumem essa responsabilidade. O risco é que quando chega o momento de implantar o modelo para o suporte à tomada de decisões ("a hora da verdade"), a alta direção frequentemente contesta algumas dessas definições e o modelo corre sérios riscos de não ser implantado ou de ter que ser refeito.

Inicialmente, deve-se definir claramente o escopo do projeto em termos dos objetivos que se espera alcançar, o tipo de operação de crédito a que se destinam as análises, mercado-alvo etc.; para facilitar essa tarefa, elencamos algumas das perguntas a responder antes de começar o projeto.

— Qual o tipo de risco (probabilidade de perda) que queremos avaliar:
  – O risco cliente – a probabilidade de perda associada a um solicitante de crédito, independentemente da operação a ser realizada? ou
  – O risco operação – a probabilidade de perda associada a uma determinada operação de crédito quando realizada por esse solicitante?
— Para o tipo de financiamento ou empréstimo cujo risco vamos avaliar:
  – O produto se destina a pessoas físicas (PF) ou jurídicas (PJ)?

- É um tipo de operação já realizada pelo credor ou é um novo tipo de operação para a qual não há informações históricas?
- É um produto único ou uma família de produtos com características similares. Por exemplo, queremos desenvolver um modelo para avaliar especificamente o risco de conceder um cartão de crédito ou um modelo que contemple simultaneamente diferentes produtos de crédito rotativo?

— Que tipo de solicitante deseja-se avaliar:

- Novos solicitantes (*application scoring*)?
- Solicitantes com histórico de crédito em operações com o credor (*behavioral scoring*)?

— Quais os objetivos que se espera alcançar (não excludentes):

- Reduzir inadimplência sem perda significativa de bons clientes?
- Reduzir o custo da análise de crédito?
- Aumentar a rentabilidade das operações realizadas?
- Precificação e definição de limites de crédito ajustados ao risco?
- Expansão controlada do número de aprovações?
- Aumentar a produtividade do processo de análise, por meio da agilização da avaliação do risco?[1]
- Oferta de crédito por mala direta?
- Base para avaliação e gerenciamento do portfólio de crédito?
- Outros?

— Para que mercado se destina:

- Vamos trabalhar com um único modelo para todos os setores da economia?
- Vamos segmentar o mercado e desenvolver diferentes modelos, um para cada segmento?
- Que tipo de cliente não será contemplado no estudo (p. ex.: cooperativas, templos religiosos, clientes com histórico de fraude etc.)?

---

[1] Uma empresa, ao desenvolver um modelo para financiamento de seus equipamentos, tinha por objetivo imediato e único aumentar a produtividade sem aumentar o quadro de analistas de crédito. Especificou como objetivo um modelo que "repetisse as decisões de seu experiente analista de forma rápida". Sem histórico de crédito, o modelo foi desenvolvido para discriminar aprovados e recusados pelo analista nos primeiros meses de atuação nesse mercado. Neste caso "bom" era o aprovado pelo analista e "mau", o recusado. Citamos isso como exemplo, sem julgar o mérito do objetivo.

Planejamento e definições

2.2 ANÁLISE DO TIPO DE OPERAÇÃO A SER CONSIDERADA

Por simplicidade, vamos utilizar a forma genérica **operação de crédito** para designar produtos de crédito, financiamentos ou empréstimos. Quando se decide construir um modelo de scoring para avaliar o risco de determinada operação de crédito, a equipe deve analisar as características dessa operação. O envolvimento ou a consulta ao gestor desse tipo de operação facilita a tarefa.

Esta análise conduz à seleção das variáveis mais adequadas para construir o modelo, a cuidados na modelagem para não incluir solicitantes impedidos de tomar esse tipo de crédito, restrições em prazos e parcelamento etc. Em síntese, definida uma operação, devemos levantar informações sobre:

— as normas que regulam a concessão e gestão dessa operação;

— a ficha utilizada para solicitação de crédito;

— a política de crédito em vigor, incluindo cálculo de limites, prazos, números de parcelas e, em particular, eventuais restrições à concessão do crédito (por exemplo, se o crédito só pode ser concedido a quem tem renda superior a 3 salários mínimos);

— o tipo de solicitante desse tipo de crédito;

— estatísticas atuais: taxa de inadimplência, taxa de recusa, carteira atual (quantidade e valores), taxa de recuperação de crédito etc.;

— sazonalidade e/ou meses em que na opinião dos gestores aumenta a demanda por esse tipo de crédito.

2.3 DEFINIÇÃO E SEGMENTAÇÃO DO MERCADO-ALVO

Ao projetar o uso de um modelo de escoragem, o credor deve decidir qual o mercado-alvo desse modelo. Em muitas situações, essa decisão contempla um mercado muito heterogêneo. Nesses casos recomenda-se a segmentação do mercado, construindo modelos distintos para cada um desses segmentos. Por exemplo, ao trabalhar com pessoas jurídicas, é conveniente desenvolver modelos distintos para os setores comércio, indústria, serviços e primário. Uma dificuldade criada pela segmentação em grupos mais homogêneos é que a discriminação entre bons e maus clientes dentro de cada segmento pode ser mais difícil devido à homogeneidade dos indivíduos que o compõem.

As segmentações mais comuns são decididas de forma subjetiva. São comuns segmentações por região geográfica, por porte, por setor. Há casos em que é conve-

18   Credit Scoring

niente segmentar os solicitantes em dois grupos – um com clientes que possuem um histórico de muitos desabonos e o outro segmento com clientes cujo passado de crédito é limpo.[2] Em certas situações, a necessidade de segmentação do mercado vem à tona durante ou após a análise das variáveis potenciais.

A segmentação poderia ser obtida aplicando uma técnica estatística específica para o agrupamento de indivíduos similares denominada **análise de agrupamentos** (*cluster analysis*). O objetivo da técnica é separar os indivíduos em grupos homogêneos (*clusters*) com relação a um determinado conjunto de características. A escolha das características é fundamental por definir quais os parâmetros de similaridade que devem ser adotados. Não conhecemos nenhuma empresa que tenha adotado esse tipo de segmentação na elaboração de credit scorings.

O ganho em eficiência do modelo devido à segmentação tem como contrapartida o aumento do número de modelos de escoragem que deverão ser implantados e geridos pelo credor. Como veremos adiante, a gestão de um modelo deve ser contínua e regular ao longo da vida do modelo; apesar de não ser uma tarefa complexa, consome recursos humanos e técnicos para sua realização. Quanto mais modelos tivermos implantado, maior será o esforço alocado a essa tarefa.

2.4   DEFINIÇÃO DE BOM E MAU CLIENTE

Como vimos, o escore é uma medida da probabilidade de que um tomador de crédito cause perdas ao credor na operação em análise. A definição operacional do que seja essa perda é provavelmente a mais complexa e controvertida do projeto de credit scoring. Genericamente, um cliente que causa perdas não aceitáveis pelo credor será denominado "mau cliente". Clientes não caracterizados como maus, serão classificados como "bons clientes" ou, eventualmente, como "clientes intermediários" ou nem mesmo serão classificados.

Algumas considerações a respeito da definição de bom/mau são dadas a seguir:

— A definição operacional de bom/mau ou bom/mau/intermediário tem que ser **clara** e **objetiva** para caracterizar sem ambiguidade a performance do tomador.

— Cada credor tem que encontrar a definição operacional que atenda às suas necessidades e aos seus objetivos. **A definição deve representar claramente o**

---

[2]   Adiante, quando tratarmos da parte estatística da elaboração do modelo, entenderemos melhor o que motiva esta última forma de segmentação.

Planejamento e definições **19**

objetivo para o qual desenvolvemos o modelo de escoragem. Se o objetivo do modelo é identificar clientes não rentáveis, o credor deverá especificar cuidadosamente o que é ou não rentável no que tange a essa operação. Mau será o cliente para o qual a operação não é rentável.

— O gestor de crédito deve estar ciente de que o escore calculado com o modelo de scoring mede o risco de um cliente tornar-se mau, em função da definição de mau por ele adotada. Se o objetivo é discriminar entre clientes que atrasam no máximo 60 dias (bons) e clientes que atrasam mais de 60 dias (maus), o desenvolvimento do modelo deve considerar os clientes classificados dessa forma. Utilizar esse modelo para estimar a probabilidade de que um cliente atrase mais de 90 dias não é correto e conduzirá a resultados equivocados.

— A definição pode diferir entre diferentes tipos de operações; por exemplo, o que é definido como mau no caso de cheque especial provavelmente não é adequado para um financiamento de automóveis.

— Como a implantação de um modelo de credit scoring é uma tarefa difícil devido às barreiras que encontra dentro de uma organização, é fundamental que a definição de mau e bom seja defensável para que não se torne mais um motivo de discussão para aqueles que se opõem ao sistema, especialmente para os indivíduos da área comercial.

— A definição de bom/mau pode restringir-se ao comportamento do cliente exclusivamente em sua relação com o credor (performance interna) ou pode, além desse comportamento, considerar informações de mercado como protestos, cheques sem fundo, ações de busca e apreensão etc. (performance externa). Alguns gestores preferem essa definição mais ampla. Acreditam que se um cliente causa problemas no mercado, acabará, mais cedo ou mais tarde, causando problemas também a ele, credor.

O procedimento usual é definir inicialmente o que seja mau. Os "não maus" são então classificados como bons, ou "intermediários", ou "indefinidos". Clientes vetados pela política de crédito para a operação considerada não são classificados. Por exemplo, solicitantes cuja renda seja inferior a cinco salários mínimos ou em cujo histórico conste, por exemplo, uma tentativa de fraude não serão classificados. Não devem ser considerados ao fazer a amostragem para elaboração do modelo e não serão escorados no futuro.

— **Exemplo 1:** Um credor pode classificar como mau o tomador que apresentar pelo menos um atraso superior a 90 dias no período de 6 meses; como bom o que nunca atrasar mais que 30 dias nesse período e como intermediário o que apresentar atraso entre 31 e 90 dias. Clientes que no momento da classificação ainda estejam pagando as primeiras parcelas de um longo financiamento não serão classificados como bons, pois pode ser prematuro conceituá-los dessa forma. Serão denominados indefinidos.

— **Exemplo 2:** Mau cliente é aquele que no prazo de 6 meses consecutivos atrasa duas parcelas ou mais do financiamento em pelo menos 30 dias. Os demais serão classificados como bons no período.

— **Exemplo 3:** Um banco adotou a seguinte definição para o caso de créditos parcelados PF: mau é o tomador que apresentar pontuação de ocorrência de desabonos superior a **cinco** de acordo com a Tabela 2.1 na vigência do contrato. Os demais clientes dessa operação são considerados bons.

Tabela 2.1 Cesta de restrições

Descrição do desabono	Pontuação por ocorrência
Cheque devolvido pelo banco	0,5
Refin Serasa	1,0
CCF Bacen	2,0
Atraso superior a 59 dias	4,0
Atraso superior a 120 dias	6,0
Prejuízo (lançamento)	6,0

Apesar de menos usual, a classificação do risco cliente, em vez da classificação de risco cliente/operação, é adotada nos modelos comercializados por empresas de informações comerciais. Essas empresas baseiam suas definições na ocorrência de desabonos em determinado período de observação.

— **Exemplo 4:** O *bureau* de informações de crédito Risk & Loss define um *cliente em default* no período de 12 meses, ou seja, um mau cliente, se nesse período apresentar pelo menos um dos desabonos seguintes: 2 cheques sem fundos (CCF – Banco Central) e/ou pelo menos 3 protestos e/ou pelo menos uma ação de busca e apreensão e/ou 3 ou mais pendências financeiras com fornecedores ou agentes financeiros.

Planejamento e definições

21

— **Exemplo 5:** Para classificar seus clientes PJ, independentemente de uma operação específica de crédito (risco cliente) o Banco XYZ, definiu: Empresas-problema (maus clientes) são as que apresentam em um período de 6 meses consecutivos um ou mais dos atrasos seguintes:

Tabela 2.2 Definição de default – Banco XYZ

Produto	Atraso superior a
Crédito especial	60 dias
Adiantamento a depositantes	10 dias corridos
Capital de giro	60 dias
Conta garantida – PJ – Aval	60 dias
Conta garantida com caução duplicatas	30 dias
Arrendamento mercantil	60 dias
Conta garantida com alienação fiduciária	60 dias
Outros produtos	60 dias

Em geral, a definição de mau e bom é feita de forma julgamental. O gestor de crédito define mau em termos de prazos de atraso (em geral, múltiplos de 30 dias: 60, 90 ou 120 dias) com base em sua **crença** do que seja realmente uma perda para a instituição. Não é feito um cálculo ainda que aproximado da perda gerada por esses atrasos.

Observemos que o excesso de rigor na definição de mau conduzirá a um modelo extremamente conservador, que tenderá a rejeitar uma grande porcentagem de bons clientes.

2.5 DATA DE REFERÊNCIA, PERÍODO DE PERFORMANCE, PERÍODO HISTÓRICO E SAFRA

2.5.1 Data de referência

O desenvolvimento de um modelo de credit scoring baseia-se na experiência com créditos concedidos no passado. Essa experiência é estudada tomando-se uma amostra de créditos concedidos no passado e classificando-os de acordo com a definição de bom/mau.

Vamos admitir que um crédito tenha sido concedido na data **To**. Vamos denominar To como **data de referência** ou **data de concessão**.

2.5.2 Período de performance

Para classificar um cliente da amostra como bom ou mau, avaliamos seu desempenho em um determinado período após a data da concessão. Esse intervalo de observação é denominado **período de performance**. A classificação depende do critério de bom/mau adotado. Por exemplo, admitamos que a definição de mau adotada pelo credor é o atraso superior a 90 dias. Se durante o período de performance um cliente atrasar o pagamento de uma das parcelas mais que 90 dias, será classificado como mau. Note que, ao fim do período de performance, se um cliente tiver uma parcela em aberto (não paga) com atraso inferior a 90 dias, não poderemos classificá-lo como mau ou como bom. Se essa situação não tiver sido considerada na definição de bom/mau, ele será classificado como indefinido.

O comprimento do período de performance depende do tipo de operação que está sendo considerada, mas deve ser longo o suficiente para permitir avaliar o comportamento do cliente em face de seus compromissos de crédito. A definição desse intervalo de tempo é fundamental, pois o objetivo do modelo de escoragem é prever a performance de um novo crédito em um intervalo de tempo com esse comprimento, após a concessão do crédito. Frequentemente esse comprimento é denominado **horizonte de previsão** ou **horizonte do modelo**.

A seguir apresentamos alguns exemplos de definição do comprimento do período de performance:

— Em um financiamento de 6 meses, consideramos o desempenho do cliente durante 9 meses (6+3). Os 3 meses adicionais permitem observar eventuais pagamentos nos atrasos das últimas parcelas. Em outras palavras, adotamos um horizonte de 9 meses.

— No caso da concessão de cartões de crédito, o horizonte pode ser, por exemplo, de 6 meses, coincidindo com os prazos de renovação de contrato.

— Para avaliar o risco cliente, tem sido arbitrariamente fixado um prazo de 6 ou 12 meses, especialmente para modelos generalistas desenvolvidos por *bureaus* de crédito.

No caso de financiamentos de longo prazo, fixar como horizonte a duração do financiamento impedirá o analista de classificar os tomadores aos 6 ou 12 meses de horizonte. Por exemplo, no financiamento de automóveis em 36 meses, o analista te-

Planejamento e definições

ria que esperar mais de 3 anos para classificar um cliente como bom ou mau. Esse prazo é muito longo e poderia implicar a redução do tamanho da amostra disponível, pois grande parte das operações na carteira de clientes não poderia ser classificada como bom/mau. Uma saída seria considerar o desempenho em um período de, por exemplo, 18 meses, e classificar os tomadores como bons, maus ou indefinidos nesse período. Na opinião de alguns analistas, quem honrou mais de 50% de sua dívida dificilmente correrá o risco de perder o bem não pagando as últimas parcelas. Sem dúvida, bastante discutível. Siddiqi (2006) sugere analisar a porcentagem dos créditos que inadimpliram, mês a mês, após a data de concessão. O período de performance deve ser igual ao número de meses após To a partir do qual essa porcentagem se estabiliza. No gráfico da Figura 2.1, observamos que a partir dos seis meses a taxa de inadimplência se estabiliza. Este seria um intervalo interessante para o período de performance.

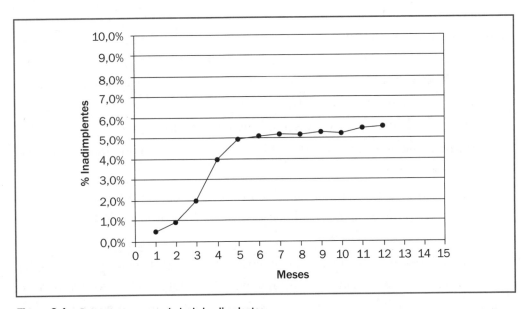

Figura 2.1   Porcentagem acumulada de inadimplentes

2.5.3 Período histórico

O histórico do cliente, que servirá de base para prever se ele se tornará mau após To, é observado em um intervalo de tempo que precede a data To (considera-se a data To como parte do histórico). Verifica-se se durante esse intervalo o solicitante apresentou problemas de crédito na instituição credora ou em outros agentes financeiros (por meio de informações de *bureaus* de crédito). Em To verifica-se, além dos dados cadastrais, se o solicitante tem atrasos ou desabonos em aberto. Este período é denominado **período histórico**. Seu comprimento pode variar em função do produto sendo estudado. Usualmente esse período vai de 12 a 36 meses, em função das variáveis consideradas e da disponibilidade de dados. Os 12 meses que precedem To e a situação em To contemplam as informações mais importantes para prever a performance do solicitante.

Durante o período histórico, as informações costumam ser agregadas em subintervalos de tempo. Veremos isto ao definir as variáveis do modelo.

2.5.4 Período de concessão e safra

Os créditos concedidos a serem considerados nas amostras devem ser suficientemente recentes para ter as características dos clientes atuais e suficientemente antigos para que possamos ter observado a performance dos tomadores. Devemos fixar um prazo adequado para as datas de concessão dos créditos a serem considerados no estudo. A esse período denominaremos **período de concessão**. Aos créditos concedidos nesse período denominamos **safra**. Assim, se considerarmos na amostra apenas os créditos concedidos entre julho de 2004 e junho de 2005, a safra jul-2004/jun-2005 será os conjuntos desses créditos.

O período de concessão deve ser suficientemente longo para:

— ter-se um número suficiente de créditos concedidos que permitam desenvolver um modelo confiável;

— que os créditos concedidos em diferentes momentos possam contemplar efeitos sazonais (ideal seria considerar 12 meses – Dia das Mães, Natal etc.).

Devemos estar atentos para que as políticas e regras de concessão de crédito nesse período sejam as mesmas que estarão em uso no futuro. Caso contrário, deveremos fazer os ajustes convenientes, se possível. Além do mais, é importante analisar e comparar as taxas de inadimplência para os créditos concedidos em diferentes meses do ano, bem como os meses em que ocorrem as maiores e menores inadimplências de forma a considerar isso na modelagem de crédito.

3

Identificação das variáveis previsoras

3.1 VARIÁVEIS POTENCIAIS

A eficácia de um modelo de credit scoring depende diretamente das informações utilizadas para avaliar os riscos dos clientes e das operações. A escolha correta dessas informações é o principal segredo para a obtenção de um bom modelo.

Inicialmente identificamos um conjunto de variáveis previsoras que acreditamos ter potencial para discriminar bons e maus clientes. Vamos denominá-las **variáveis potenciais**. Essas variáveis serão posteriormente analisadas e convenientemente transformadas para poder utilizá-las na determinação da fórmula de escoragem. A identificação das variáveis potenciais é um misto de experiência em análise de crédito, experiência em desenvolvimento de modelos de credit scoring e um pouco de arte. Para identificar as variáveis é fundamental formar uma equipe multidisciplinar, reunindo conhecimentos de crédito e da política de crédito da empresa credora, do produto a ser financiado, do público-alvo, das bases de dados disponíveis na empresa e da cultura do credor.

Uma forma de iniciar a identificação das variáveis potenciais é analisando as bases de dados disponíveis. Ao analisar essas variáveis podem surgir ideias de combinar duas ou mais delas para gerar uma nova variável que pareça muito interessante. Em grandes empresas (grandes bancos ou grandes varejistas, por exemplo), os dados dos clientes e as operações encontram-se registrados em diferentes bases de dados; há que se estar atento, pois é comum que apenas uma parte dos dados disponíveis seja apresentada à equipe de modelagem; poucos analistas conhecem todo o complexo sistema de armazenamento das informações.

Ao identificar as variáveis, a equipe deve ter em mente, de forma clara, o objetivo que se espera alcançar com o credit scoring e, principalmente, a definição operacional de bom/mau cliente. Devem ser buscados dados que pareçam capazes de diferenciar os bons clientes dos maus clientes. Na dúvida, deve-se incluir a variável para que possa ser analisada e avaliada tecnicamente mais adiante.

Além das variáveis potenciais, destinadas à avaliação do risco de crédito, é importante coletar e guardar as informações utilizadas na definição de bom e mau pagador. Podem ser úteis em casos de auditorias ou mesmo se houver necessidade de alterar a definição de bom/mau no decorrer do projeto.

3.1.1 Tipos de variáveis

Em geral, podemos classificar as informações a serem utilizadas em famílias como descrevemos a seguir. Para cada família, apresentamos alguns exemplos.

No apêndice deste capítulo, apresentamos uma relação de sugestões de variáveis para modelos pessoa física e pessoa jurídica.

— Informações sociodemográficas/cadastrais do solicitante
  – Pessoa física
    - Local de nascimento (UF)
    - Data de nascimento
    - Profissão
    - Estado civil
    - Tipo de residência
  – Pessoa jurídica
    - Número de sócios
    - Data de fundação
    - Se possui sede própria
    - Número de filiais
    - Setor de atividade

— Informações sociodemográficas/cadastrais do cônjuge (PF) ou sócios ou empresas participadas (PJ)

Identificação das variáveis previsoras

- Pessoa física
  - Profissão do cônjuge
  - Data de nascimento do cônjuge
  - Vínculo empregatício do cônjuge
- Pessoa jurídica
  - Maior participação (%) de um sócio
  - Data de entrada do sócio mais recente
  - % de participação como sócia de outra empresa

— Informações financeiras
  - Pessoa física
    - Renda mensal
    - Possui cartões de crédito?
    - Possui bem imóvel com ônus?
  - Pessoa jurídica
    - Faturamento líquido
    - Endividamento
    - Liquidez corrente
    - Patrimônio líquido negativo

— Informações de relacionamento com o credor
  - Pessoa física
    - Há quantos anos é cliente?
    - É funcionário?
  - Pessoa jurídica
    - Folha de pagamento em conta no banco?
    - Idade da conta corrente mais antiga
    - Possui cartão de crédito empresarial em To?

— Informações comportamentais (relativas a créditos históricos)
  - Pessoa física ou jurídica
    - Atrasos nos pagamentos de créditos anteriores
    - Financiamento do pagamento do cartão

- Maior atraso no pagamento de uma parcela
- Maior saldo em aberto nos últimos 12 meses

— Informações da operação solicitada
  – Pessoa física ou jurídica
    - Número de parcelas
    - Comprometimento da renda
    - Valor financiado

— Informações negativas
  – Pessoa física
    - Protestos em aberto
    - Cheques sem fundo
    - Ações de busca e apreensão
  – Pessoa jurídica
    - Protestos em aberto
    - Cheques sem fundo de um ou mais sócios
    - Pendências financeiras com fornecedores

— Outras informações
  – Pessoa física ou jurídica
    - Número de consultas a *bureau* de crédito
    - Quantidade de diferentes empresas que buscaram informações do solicitante

— Informações setoriais

No caso de análise de crédito de PJ, informações macroeconômicas setoriais vigentes em To ou em período anterior, mas não distante de To, podem ser interessantes no desenvolvimento do modelo.

3.2 AGRUPANDO INFORMAÇÕES EM INTERVALOS DE TEMPO

Vamos definir os seguintes intervalos de tempo, representados graficamente na Figura 3.1:

Identificação das variáveis previsoras

M1 = Mês anterior à data de concessão To (30 dias anteriores a To)
M2 = Mês que precede M1
M3 = Mês que precede M2
Q1 = Trimestre anterior à data de concessão (90 dias anteriores a To)
Q2 = Trimestre que precede Q1
S1 = Semestre anterior à data de concessão (180 dias anteriores a To)
S2 = Semestre que precede S1
Y1 = 12 meses que precedem a data de concessão (300 dias anteriores a To)
Y2 = 12 meses que precedem Y1

Graficamente temos:

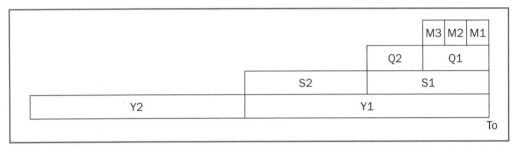

Figura 3.1 Intervalos de tempo antes de To

Ao definir certas variáveis é comum medi-las em intervalos de tempo de amplitude variável. Por exemplo, para o *número de protestos em aberto em To* podemos definir as variáveis seguintes:

Prot_M1: número de protestos (abertos em To) lançados em M1
Prot_M2: número de protestos (abertos em To) lançados em M2
Prot_M3: número de protestos (abertos em To) lançados em M3
Prot_Q1: número de protestos (abertos em To) lançados em Q1
Prot_Q2: número de protestos (abertos em To) lançados em Q2
Prot_S1: número de protestos (abertos em To) lançados em S1
etc.

Ao desenvolver o modelo, podemos trabalhar com todas ou parte das variáveis anteriormente definidas. Uma opção interessante é ir trabalhando com intervalos mais longos à medida que nos afastamos de To. Isso significa trabalhar com as variáveis Prot_M1 Prot_M2 Prot_M3 Prot_Q2 Prot_S2 Prot_Y2. Em geral, como as variáveis no diferentes intervalos de tempo considerados estão correlacionadas, apenas parte delas entra na fórmula de cálculo do escore.

3.3 CUIDADOS NA IDENTIFICAÇÃO DAS VARIÁVEIS POTENCIAIS

Após a identificação das variáveis potenciais, devemos analisá-las, uma a uma, para verificar se possuem as propriedades elencadas a seguir. Muitas dessas análises só serão possíveis após a coleta dos dados e observação dos valores que a variável assume.

3.3.1 Definição operacional – uniformidade na interpretação

A **definição operacional** é uma definição, por escrito, formal e não ambígua de uma variável, especificando a forma como deve ser medida e registrada. Ela é vital para o desenvolvimento de um modelo, visto que garante a uniformidade na interpretação e imputação dos valores da variável. Por exemplo, ao considerar a variável *Idade da conta*, não está bem definido o que se pretende medir. Pode ser a *Idade da conta* aberta mais antiga, a *Idade da conta* aberta mais recente, a *Idade da conta* com maior saldo médio nos últimos 6 meses etc. O correto é especificar a variável de forma clara; por exemplo, *Idade da conta do solicitante, mais antiga, individual ou conjunta, em aberto em To.*

Um caso clássico de indefinição é a variável "experiência do administrador" (que recomendamos evitar). Alguns poderão pensar em tempo de formado, outros em tempo no emprego, outros em tempo no cargo etc. Não desejamos discutir aqui o que seja experiência; queremos mostrar apenas que não é um conceito uniforme. Da mesma forma que para "experiência", muitas outras variáveis apresentarão esse problema de uniformização de conceito. Agora, imaginem a confiabilidade de um modelo em que a informação disponível varia em função de quem imputou os dados!

Ao formalizar a definição operacional de uma variável, o objetivo não é ter uma definição "perfeita" para uma variável, mas, sim, uma definição única que evite interpretações distintas. Uma forma de testar a eficácia de uma definição operacional é submeter várias fichas cadastrais ou outros documentos dos clientes a uma série de analistas e verificar se os valores por eles atribuídos às variáveis em questão coincidem.

Devemos estar atentos à definição operacional quando as informações relativas aos clientes são obtidas de diferentes fontes de dados. Por exemplo, ao desenvolver um modelo, o credor pode utilizar informações fornecidas por suas várias filiais; no caso de um *bureau* de crédito, o problema surge, pois as informações são cedidas por diferentes bancos ou financeiras. Um caso típico deste último tipo de problema é na definição das categorias de uma variável qualitativa. Por exemplo, a fonte A especifica *flat* como um dos diferentes *Tipos de residência*, e a fonte B não discrimina esse tipo de

Identificação das variáveis previsoras

residência, lançando os moradores de flats em *alugada* ou em *outros*. O mesmo ocorre com outras variáveis qualitativas como *estado civil, natureza da ocupação, profissão* etc. Como as definições operacionais nessas diferentes fontes podem divergir, estaremos diante de um sério problema. A melhor opção é evitar o uso de variáveis com definições operacionais diferentes ou desconhecidas no desenvolvimento dos modelos.

A falta de uma definição operacional clara implica a falta de critério com que são tratados os **campos em branco**. Alguns simplesmente digitam 0 (zero) na falta de informações. Outros deixam o campo em branco ou colocam, indevidamente, o famigerado "outros". Ainda há os que preenchem o campo com um valor não usual da variável. Por exemplo, no caso do digitador não encontrar o *Número de automóveis*, podemos imputar informações distintas, tais como "0", "<branco>", "999" ou "–1".

As fichas cadastrais, em geral, não foram planejadas com a preocupação de colher informações de forma não ambígua e geram também uma série de problemas. Por exemplo, encontramos o campo *Renda*, sem especificar o tipo (do solicitante, familiar, mensal etc.), ou encontramos o campo *Telefone*, sem especificar o tipo (residencial, comercial, celular ou outro).

Outro problema relativo à consistência dos dados diz respeito à mudança da definição operacional ao longo do tempo. Pode ocorrer devido à troca do fornecedor das informações ao longo do tempo ou mesmo devido à alteração da definição por um mesmo *bureau* de informações (eventualmente sem avisar o usuário). O modelo pode ser desenvolvido com uma amostra em que temos diferentes definições operacionais, ou pior, a definição operacional depois que o modelo entra em uso difere da definição operacional adotada na época em que foi desenvolvido o modelo.

Finalmente, observamos que, no caso de variáveis resultantes de quocientes de outras variáveis (índices financeiros, por exemplo), deverá haver regras claras de como proceder nos casos de divisão por zero e como diferenciar situações em função dos sinais do numerador e denominador (um índice positivo pode ser razão de dois valores positivos ou de dois valores negativos). Nesses casos os sinais das variáveis envolvidas no cálculo podem ser importantes na avaliação do risco da empresa.

3.3.2 Confiabilidade das informações

Ao trabalhar com uma variável é indispensável que os valores sejam confiáveis. A confiabilidade depende do informante (normalmente o solicitante do crédito) e do responsável pela imputação dos dados. Controlar a veracidade de todas as informações fornecidas pelo solicitante é uma tarefa complexa e nem sempre viável, especialmente quando o volume de solicitações a serem analisadas diariamente é muito grande. Em geral, poucas ou nenhuma das informações fornecidas são confirmadas e trabalha-se com a suposição de que sejam verdadeiras. Devemos, portanto, evitar trabalhar com informações que deem margem a dúvidas. Por exemplo, ao trabalhar com microempresas ou empresas muito pequenas, evitamos variáveis financeiras tais como lucro, evolução real de vendas, endividamento etc., pois sabemos que esses valores, quando disponíveis, nem sempre são dignos de confiança.

Todavia, espera-se que ao imputar as informações na base de dados, tarefa realizada normalmente por um funcionário do credor, não tenha havido nenhum tipo de manipulação. Infelizmente isso nem sempre é a realidade; há situações em que a honestidade na imputação dos dados é duvidosa. Por exemplo, em uma cadeia de lojas de varejo, a imputação dos dados dos clientes era feita na própria loja pelos vendedores. Estes, interessados na realização da venda de forma a garantir sua comissão, inseriam no sistema dados que favorecessem a aprovação do crédito independentemente do fato de serem ou não verídicos. Se por experiência sabiam que um vendedor autônomo teria maior dificuldade de conseguir aprovação de crédito, não faziam a menor cerimônia em preencher o campo *profissão* como "médico", pois já haviam percebido que estes profissionais tinham, em geral, o crédito aprovado sem restrições.

Um problema sério é a chamada **síndrome de outros**. O responsável pela imputação dos dados, para não perder tempo procurando o significado de uma sigla, uma abreviação (por exemplo, no campo *profissão* o que é E. M.?), ou tendo uma ficha com a informação ilegível, ou mesmo para não fazer o cliente esperar, preenche vários campos como *outros*. Com isso perdemos preciosas informações a respeito do solicitante.

3.3.3 Informações recentes

As informações utilizadas para analisar uma solicitação de crédito devem ser atualizas e recentes. A utilização de dados antigos compromete o poder de previsão do modelo de escoragem.

Os analistas do modelo devem pesquisar junto aos responsáveis pelos bancos de dados quais os critérios e periodicidade para atualização das informações. Lamentavelmente, uma prática comum é alterar o registro da data de atualização quando se atualiza apenas um dos dados do cliente. Os responsáveis pelo desenvolvimento do modelo de credit scoring devem ficar atentos a este fato e, se for o caso, evitar o uso de informações com data de validade discutível.

Identificação das variáveis previsoras

Quando utilizamos documentos financeiros como balanços ou demonstrativos de resultados, devemos evitar a utilização de documentos muito anteriores a To. Em geral, utilizamos apenas os correspondentes a um ou dois exercícios imediatamente anteriores a To.

3.3.4 Disponibilidade ao longo do tempo

Para que o modelo possa ser implantado e utilizado por um tempo considerável é necessário que as variáveis utilizadas em seu desenvolvimento estejam disponíveis no futuro. Caso contrário, poderemos ter um modelo que teve excelente desempenho quando testado nas amostras de desenvolvimento, mas não funcionará no futuro pela falta de algumas das informações da fórmula.

Estes problemas podem ocorrer se algumas informações não forem mais fornecidas por fontes externas de dados (*bureaus*, Bacen, outras agências governamentais etc.). Um caso interessante é o de uma empresa prestadora de serviços que, para não incomodar seus clientes no processo de venda, decidiu, após desenvolver e implantar seu modelo, utilizar as informações cadastrais fornecidas por um *bureau* de crédito. Nem todas as informações anteriores, coletadas diretamente com o provável usuário do serviço, estavam disponíveis no *bureau*.

O uso de variáveis que dependem do avanço da tecnologia é problemático, pois com o tempo algumas variáveis podem perder sua importância. Caso clássico é a variável *possui telefone residencial,* que no passado entrava em quase todas as fórmulas de cálculo. Hoje, em função da disponibilidade de telefones fixos e celulares, perdeu muito de sua importância em termos discriminadores. Na maioria dos casos não consta nos modelos.

Nem sempre os analistas conseguirão prever que variáveis estarão disponíveis no futuro. Isso poderá ocorrer, por exemplo, em função da revisão de normas ou leis que regulam as informações que podem ser comercializadas ou mesmo usadas em modelos de credit scoring.

3.3.5 Variáveis aceitáveis pelos analistas ou pela empresa credora

Qual seria a reação dos analistas de crédito de sua empresa se você utilizasse como variável discriminadora o *Signo do Zodíaco* ou do *Horóscopo Chinês* de seu cliente? Ou a *altura* de seu cliente? Com certeza a reação seria de críticas à sua "falta de bom-senso" ou mais provavelmente de elogios ao seu bom humor, mas quase ninguém levaria o modelo a sério. Dificilmente seria implantado.

Cabe aqui analisar dois aspectos. Primeiro, o analista em geral só dispõe de variáveis utilizadas pela área de crédito e, portanto, já aceitas pelos analistas. Isso descarta a maior parte dessas variáveis consideradas estranhas.

Em segundo lugar, apesar de que nosso objetivo neste texto não é polemizar a respeito do problema, somos da opinião que não devemos ater-nos apenas a variáveis tradicionalmente aceitas pelos analistas. Acreditamos que variáveis relacionadas com o estilo de vida do proponente ou com características biológicas poderão mostrar-se, em futuro não muito remoto, mais úteis que as variáveis utilizadas atualmente. Em nossa opinião, a pesquisa do impacto dessas informações na eficácia dos modelos de credit scoring é um terreno fértil, muito mais promissor que a pesquisa por novas técnicas estatísticas ou não para avaliar o risco de crédito.[1]

3.3.6 Aspectos éticos e legais

Modelos de credit scoring são, por natureza, discriminadores. Entretanto, a utilização de certas variáveis não é prática aceita quer por motivos legais, quer por motivos éticos.

Por exemplo, a maioria dos países veta o uso de raça e credo como elementos para discriminar pessoas. Nos Estados Unidos a relação de variáveis que não podem ser utilizadas na análise de crédito é mais extensa. Inclui: etnia, raça, cor, religião, idade (a menos que os modelos favoreçam os idosos, com 62 anos ou mais), sexo e estado civil. Disfarçar o uso dessas variáveis construindo dois modelos, um para homens e outro para mulheres (a variável sexo não seria utilizada em nenhum deles), também é proibido. Makuch (1998) apresenta uma análise muito interessante sobre o tema.

No Brasil não temos uma legislação específica para o uso em modelos de credit scoring. Sempre surgem dúvidas quanto ao uso ou não de certas variáveis como sexo,

---

[1] Quando da elaboração deste capítulo, o autor participava de pesquisa sobre esse assunto em conjunto com o Prof. Marcelo Finotti, da Serasa, sob o patrocínio do Centro de Excelência Bancária da FGV – EAESP/Serasa. Os resultados decorrentes da utilização de variáveis psicográficas (estilos de vida) para previsão de inadimplência mostraram-se surpreendentemente bons. O trabalho deve ser publicado no 1º semestre de 2010.

Identificação das variáveis previsoras

estado civil ou CEP. No caso do CEP, para evitar discriminação a uma microrregião que concentre pessoas de uma determinada origem racial, sugerimos a utilização de apenas os dois primeiros dígitos do CEP. Assim, se o CEP de uma empresa é 21548-000, consideraremos apenas para a variável CEP o código 21.

Não cabe neste texto debater essa questão. O assunto é polêmico e cada vez será mais discutido devido ao crescente uso de modelos de credit scoring. No passado, quando a análise de risco era puramente subjetiva, seria difícil explicitar o leque de características dos clientes que os analistas utilizavam ao tomar uma decisão. Provavelmente alguns utilizariam informações proibidas por lei, mas não haveria como provar esta contravenção. Recomendamos ater-se à legislação vigente no que tange à discriminação entre indivíduos. Há muitas formas de avaliar os clientes e as operações. Não há necessidade de agir de forma não aceita pela sociedade.

APÊNDICE 3.1 INFORMAÇÕES INTERESSANTES NO DESENVOLVIMENTO DE MODELOS DE CREDIT SCORING PARA PESSOAS FÍSICAS

A lista seguinte sugere informações que podem ser utilizadas no desenvolvimento de um credit scoring. Esta relação não visa ser completa. Esperamos que estas sugestões sirvam de inspiração para a identificação de outras variáveis que possam ser importantes.

O analista deverá estabelecer claramente a definição operacional (incluindo as diferentes categorias no caso de variáveis qualitativas) correspondente a cada uma das variáveis relacionadas com estas informações.

— Data de nascimento

— Local de nascimento

— Sexo

— Estado civil

— Número de dependentes

— Nível de instrução

— Profissão (código do IR)

— Tipo de residência (própria, alugada etc.)

— Tempo de residência atual

— CEP residencial

— Bens imóveis (quantidade, valor, com ou sem ônus)

— Cartões de crédito (quantos, 1ª linha? etc.)

— Telefone residencial

— Telefone celular

— E-mail

— Quantidade de veículos

— Renda estimada

— Renda mensal comprovada do solicitante

— Salário mensal ou pró-labore do solicitante

— Tempo no emprego atual ou na atividade atual

— Tipo de vínculo empregatício (empregado empresário, autônomo, aposentado etc.)

— Profissão do cônjuge

— Salário do cônjuge

— Tempo do cônjuge no emprego ou na atividade atual

— Tipo de vínculo empregatício do cônjuge

— Data do primeiro contrato de cheque especial ativo

— Tipo de vínculo com credor

— Idade da conta mais antiga

— Informações sobre aplicações financeiras em aberto em To

— Cartão de crédito emitido pelo credor

— Cheque especial

— Outro produto de crédito do credor (experiência de crédito)

— Seguro de auto

— Seguro de vida

— Soma dos limites vigentes correspondentes aos produtos de crédito rotativo

— Tipo de conta (“independente”, funcionário do banco; conta salário, outras)

— Mês antes de To em que utilizou o cartão de crédito do credor pela última vez

— Maior valor de uma compra com o cartão do credor nos 12 últimos meses

Identificação das variáveis previsoras

- Número de meses antes de To em que estourou o limite do cartão pela última vez
- Número de meses em que financiou a fatura mensal nos 12 últimos meses
- Número de meses em que pagou com atraso superior a 30 dias nos 12 últimos meses
- Número de vezes que utilizou o cartão de crédito em cada um dos 12 últimos meses

- Número de contratos de crédito com o credor efetivados nos 12 últimos meses
- Número de parcelas com atraso superior ou igual a 30 dias em To
- Número de parcelas com atraso superior ou igual a 60 dias em To
- Número de parcelas pagas com atraso superior ou igual a 60 dias nos 12 últimos meses
- Soma dos valores das parcelas de crédito com atraso superior a 60 dias em To

- Quantidade de ações de busca e apreensão lançadas em cada um dos 12 últimos meses
- Quantidade de cheques sem fundo em aberto em To
- Quantidade de protestos em aberto em To lançados em cada um dos 12 últimos meses
- Para empresários, se a empresa teve informações negativas lançadas nos últimos 12 últimos meses
- Tempo decorrido entre a inclusão do último desabono em aberto e a data de referência To

APÊNDICE 3.2 INFORMAÇÕES INTERESSANTES NO DESENVOLVIMENTO DE MODELOS DE CREDIT SCORING PARA PESSOAS JURÍDICAS

- Data de constituição da Empresa
- Parte de grupo econômico
- Estado da Federação (UF)
- Código de endereçamento postal
- Setor de atividade em To
- Número de sócios (PF) da empresa analisada existentes em To
- Número de sócios (PJ) da empresa analisada existentes em To
- Maior percentual de participação de um sócio PF
- Maior percentual de participação de um sócio PJ

— Número de sócios principais (PF com 25% ou mais) da empresa analisada existentes em To

— Número de sócios principais (PJ com 25% ou mais) da empresa analisada existentes em To

— Valor do capital social informado em To

— Data da primeira transação com o credor (primeira conta ou primeira compra, por exemplo)

— Idade da conta ativa mais antiga do cliente em To

(Dados financeiros extraídos do último ou dos últimos demonstrativos do solicitante)

— Ativo total

— Cobertura de juros

— Endividamento

— Endividamento financeiro sobre o ativo total

— Giro do ativo

— Imobilização do patrimônio líquido

— Liquidez corrente

— Liquidez geral

— Liquidez seca

— Nível de desconto de duplicatas

— Participação de capitais de terceiros

— Passivo financeiro sobre o ativo total

— Patrimônio líquido

— Prazo médio de pagamento das compras

— Prazo médio de recebimento das vendas

— Prazo médio de rotação dos estoques

— Resultado do exercício anterior

— Retorno sobre as vendas

— Retorno sobre o ativo

— Retorno sobre o patrimônio líquido

— Saldo de tesouraria sobre as vendas

Identificação das variáveis previsoras

— Ações judiciais contra o solicitante

— Atrasos superiores a 60 dias no pagamento de parcelas de créditos concedidos anteriormente pelo credor

— Cheques do solicitante devolvidos pelo credor na primeira apresentação (bancos)

— Cheques sem fundo (Bacen) em aberto em To

— Data da última concordata requerida pelo solicitante

— Falências requeridas

— Impedimentos internos da empresa

— Protestos em aberto em To

— Restrições financeiras (Refin) em aberto em To

— Pendências financeiras (Pefin) em aberto em To

— Tempo decorrido entre a inclusão do desabono em aberto mais recente e To

— Ações judiciais contra os sócios PF

— Atrasos superiores a 60 dias em créditos concedidos a um ou mais sócios PF anteriormente

— Cheques dos sócios devolvidos pelo credor na primeira apresentação

— Cheques dos sócios PF sem fundo (Bacen) em aberto em To

— Protestos dos sócios em aberto em To

— Tempo decorrido entre To e a inclusão do desabono de sócio em aberto mais recente

— Ações judiciais contra os sócios PJ

— Atrasos superiores a 60 dias em créditos concedidos anteriormente a sócio PJ

— Cheques sem fundo (Bacen) de sócios PJ em aberto em To

— Concordatas requeridas por sócios PJ

— Data de concordatas requeridas por sócios PJ

— Falências requeridas de sócios PJ

— Protestos em aberto em To dos sócios PJ

— Refins em aberto em To dos sócios PJ

— Refins em aberto em To dos sócios PJ

4

Amostragem e coleta de dados

4.1 AMOSTRAGEM

O modelo de escoragem é desenvolvido a partir de uma amostra de clientes que tomaram crédito no passado. Este capítulo trata da seleção dessa amostra e da qualidade dos dados da amostra selecionada.

Hoje, devido aos recursos computacionais disponíveis, muitos analistas trabalham com toda a base de dados disponível na instituição credora. Desenvolver um modelo de credit scoring com os softwares estatísticos usuais a partir de uma amostra de 100 mil clientes não é problema. No entanto, ainda que trabalhemos com toda a base de dados, devemos observar que, em geral, ela representa apenas uma amostra do mercado-alvo do credor.

4.1.1 Unidade amostral

Os elementos a serem amostrados poderão ser clientes ou operações de crédito. Quando o objetivo é o cálculo do risco cliente, nossa **unidade amostral** será o cliente, independentemente das operações realizadas com o credor. Significa que para formar a amostra sorteamos parte dos clientes da base de dados.

Nossa unidade amostral será uma operação de crédito quando o objetivo for avaliar o risco de um cliente realizando esse tipo específico de operação. Os elementos da amostra serão sorteados utilizando-se, por exemplo, o número do contrato de crédito para essa operação. Um cliente que tenha realizado mais de uma operação desse tipo poderá ser selecionado mais de uma vez. Suas características cadastrais, desabonos e outras informações poderão ser distintas se os créditos foram contratados em momentos distintos. Além disso, para operações distintas, o mesmo cliente poderá ser classificado de formas diferentes. Se para o primeiro financiamento de um automóvel ele nunca atrasou um pagamento, para essa operação será classificado como bom; se para o segundo financiamento de um automóvel, com esse mesmo credor, teve um ou mais atrasos inaceitáveis, para essa operação será classificado como mau.

Por simplificação, discutiremos as seções seguintes mencionando apenas a *seleção de clientes*. Os conceitos e procedimentos amostrais para operações de crédito são equivalentes.

4.1.2 Mercado-alvo

Antes de selecionar uma amostra é importante definir a que solicitantes o modelo de escoragem será aplicado. Esses solicitantes definem o **mercado-alvo** do modelo. O mercado-alvo inclui os seguintes tipos de indivíduos (PF) ou empresas (PJ):

— os que tiveram seus créditos aprovados pelo credor;
— os que tiveram seus créditos recusados pelo credor;
— os que nunca solicitaram crédito ao credor.

A Figura 4.1 sintetiza o exposto.

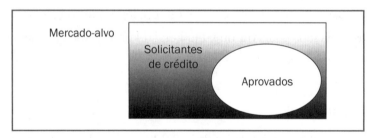

Figura 4.1 Mercado-alvo

Na melhor das hipóteses, teremos informações sobre os dois primeiros tipos de solicitantes. Entre os solicitantes aprovados, alguns não tomam o crédito e, portanto, não poderemos classificá-los com bons ou maus. A **base disponível** para amostragem é apenas uma (pequena) parte do mercado-alvo. Ao desenvolver o modelo, admitimos que o comportamento dos indivíduos que não solicitaram crédito é similar aos dos que solicitaram, o que não é necessariamente verdade!

Amostragem e coleta de dados

Devemos incluir as informações de **solicitações recusadas** na amostra de trabalho. Eles fazem parte do mercado-alvo e seu comportamento não pode ser desprezado.[1] Muitas empresas não armazenam essas informações e as únicas disponíveis são as dos créditos aprovados. Isso significa que nossa imagem do mercado-alvo fica ainda mais restringida. O novo modelo será baseado em solicitantes que já foram aprovados pelos critérios de avaliação de risco anteriores à implantação do modelo. Além do viés que isso introduz no modelo, discriminar clientes que pelo critério anterior tinham perfis "parecidos" (supostamente bons) aumenta a dificuldade em obter um bom modelo.

Além do mercado-alvo, devemos contemplar as restrições à concessão de crédito constantes na política de crédito do credor. Isso para evitar que clientes da base de dados que não se enquadrem nessa definição sejam incluídos na amostra. Por exemplo, ao elaborar um modelo para PF, o credor pode estabelecer que ele será aplicado apenas a clientes cuja *renda for superior a cinco salários mínimos*. Ou no caso de PJ, o credor pode restringir o uso do modelo para *cooperativas, instituições religiosas* e *clubes esportivos*. A inclusão desses solicitantes na amostra introduzirá um viés no modelo.

4.2 DUAS FORMAS DE AMOSTRAGEM

Para selecionar uma amostra para o desenvolvimento de um credit scoring, costuma-se recorrer a duas técnicas: **amostragem aleatória simples** e **amostragem aleatória estratificada**.

4.2.1 Amostragem aleatória simples

Ao aplicar esta técnica, trabalha-se de modo que todos os clientes da base de dados tenham a mesma probabilidade de serem selecionados. Os clientes são identificados por algum código. Por exemplo, seu CPF. A seleção é feita sorteando os clientes pelo seu identificador . Os softwares estatísticos usuais possuem recursos para a seleção de uma amostra aleatória simples. Após a seleção dos clientes, eles serão classificados como recusados, aprovados bons ou aprovados maus e, eventualmente, em outras classificações.

Este método de seleção apresenta algumas vantagens:

— permite estimar a proporção de maus clientes na carteira;

---

[1] Adiante estudaremos formas de incluir os créditos não aprovados no desenvolvimento do modelo.

— permite estimar proporção de clientes recusados, caso todos os recusados façam parte da base de dados e

— não requer o ajuste posterior das estimativas das probabilidades de bom ou mau obtidas com a fórmula de cálculo do escore.

Quando a quantidade total de maus clientes na base de dados é pequena, se a amostra não for muito grande, poderá conter um número muito baixo de maus clientes. Por exemplo, se a proporção de maus for de 2%, uma amostra de 10 mil clientes conterá aproximadamente 200 clientes maus. Essa baixa quantidade de maus clientes pode comprometer a confiabilidade do modelo.

4.2.2 Amostragem aleatória estratificada

Esta técnica de amostragem também é denominada *amostragem separada* ou *choice-based sampling*. Consiste em selecionar separadamente os recusados, os bons e os maus clientes. Em geral, isso é feito com o intuito de garantir um mínimo de maus na amostra. Em contrapartida a essa vantagem, o desenvolvimento do modelo com base nessas amostras requer:

— conhecimento *a priori* das taxas de recusados, bons e maus clientes na base de dados e

— o ajuste da fórmula de cálculo dos escores para considerar essas probabilidades.

Ao selecionar separadamente as amostras de recusados, bons e maus não é necessário que estas sejam de mesmo tamanho ou que seus tamanhos sejam proporcionais às porcentagens desses clientes na base de dados do credor. Devemos apenas garantir uma quantidade suficiente de clientes de cada tipo. Em geral, trabalha-se com amostras cujos tamanhos são aproximadamente iguais.

4.2.3 Dimensionamento das amostras

Alguns autores apresentam fórmulas especiais para o dimensionamento das amostras utilizadas no desenvolvimento de modelos de credit scoring. Uma regra usual é que o tamanho da amostra deve ser igual ou dez vezes maior o número de variáveis. Essa regra, cuja justificativa é por nós desconhecida, não é satisfatória para a maioria das aplicações de credit scoring; conduz a amostras "pequenas".

Amostragem e coleta de dados

Acreditamos ser arriscado, ou mesmo inconveniente, dar fórmulas matemáticas para o dimensionamento de amostras em credit scoring. Limitamo-nos a algumas considerações básicas:

— O tamanho da amostra deve ser muito maior que o número de variáveis utilizadas para o modelo (recomendação básica em Análise Estatística Multivariada). Os modelos de credit scoring serão utilizados para orientar a concessão de crédito e, quanto maior a amostra utilizada em seu desenvolvimento, mais confiáveis serão os resultados.

— O número de maus clientes deve ser suficientemente grande para que o modelo seja confiável. Alguns autores recomendam que esse número não seja inferior a 1.000 (ou 2.000) clientes.[2] Apesar de sermos contrários a números mágicos, consideramos essa recomendação de pelo menos 1.000 maus bastante interessante. E considerando os bancos de dados disponíveis na maioria das empresas credoras, não se trata de nenhum exagero.

— Alguns analistas de credit scoring preferem trabalhar com amostras de bons e maus de quantidades aproximadamente iguais. No caso de análise discriminante clássica, essa preferência se justifica.[3] No caso de regressão logística (que veremos adiante), talvez a técnica mais utilizada atualmente, desconhecemos qualquer vantagem decorrente de trabalhar amostras de tamanhos aproximadamente iguais.

— Sempre que possível, a amostra deve ser suficientemente grande para que possamos dividi-la em duas partes, uma para desenvolvimento e outra para validação do modelo, como veremos a seguir.

4.3 AMOSTRAS DE DESENVOLVIMENTO E VALIDAÇÃO

Uma vez selecionada a amostra, devemos dividi-la em duas partes. Parte da amostra será utilizada para o desenvolvimento do modelo e parte para validação do modelo. A escolha dos clientes que comporão cada uma das amostras é feita de forma

---

[2] No passado nem sempre dispunhamos de bancos de dados e tínhamos que recorrer à digitação de dados extraídos diretamente de fichas cadastrais. Utilizávamos um número inferior a 1.000 maus (em geral 500 maus e 500 bons), e os modelos resultantes eram, mesmo assim, bastante confiáveis.

[3] As razões técnicas que justificam a igualdade do tamanho das amostras são complexas e fogem do escopo deste texto.

aleatória. Em geral, reserva-se entre 50% e 70% da amostra original como **amostra de desenvolvimento** e o restante como **amostra de validação**.

Ao testar um modelo com a mesma amostra utilizada para seu desenvolvimento, os resultados tendem a ser mais otimistas, ou seja, o modelo dará resultados (levemente) melhores em comparação aos que serão obtidos quando aplicarmos o modelo a toda a população. Para evitar este viés, testamos o modelo com outra amostra. Quanto maior for o tamanho da amostra de desenvolvimento, menor será esse viés.

Quando a amostra original não é muito grande, provavelmente a quantidade de maus alocada a cada uma das duas amostras será pequena. Nesses casos prefere-se não dividir a amostra original; recorremos a métodos especiais para validação do modelo que serão vistos adiante.

4.4 AQUISIÇÃO DOS DADOS

Ao selecionar os dados dos clientes que comporão a amostra é usual que recorramos a diferentes bases de dados. Cada base contém um tipo de informação sobre o cliente. Por exemplo, uma base pode conter as informações cadastrais, outra, dados relativos às transações de crédito, e assim por diante.

Algumas informações podem estar repetidas nos diferentes bancos de dados. Infelizmente, como a comunicação entre as diferentes bases não é perfeita, é comum que tenhamos diferenças apesar de tratar-se de um mesmo cliente. Por exemplo, o endereço de um cliente pode diferir entre as distintas bases de dados. Isso pode ocorrer, por exemplo, pelo fato de atualizarmos determinada informação em apenas uma dessas bases. Nessas situações deve-se definir claramente qual a informação que terá precedência sobre as outras. Muito mais grave, e não tão raro quanto se possa imaginar, é que a definição operacional de uma variável difira entre as diferentes bases de dados.

As fontes de informação podem ser internas ou externas. As informações internas são imputadas ou geradas pelo credor que irá desenvolver o modelo de credit scoring. Podem ser imputadas com base em fichas cadastrais ou documentos financeiros do cliente. Ainda que as informações sejam imputadas internamente, podemos ter problemas. Essas situações ocorrem com maior frequência quando diferentes pessoas imputam os dados. Por exemplo, em uma rede varejista, com várias filiais, os próprios vendedores entram com os dados do comprador que solicita financiamento. Não havendo uma definição operacional adequada, cada indivíduo pode dar "sua interpretação" ao registrar os dados, especialmente no caso de abreviações ou de categorias

Amostragem e coleta de dados

informadas pelo cliente, mas que não constam na tela de entrada. Por exemplo, o que preencher no caso da variável *Profissão* se o dado que consta na ficha cadastral é "A.S."? Em que categoria alocar um cliente cujo *estado civil* é "juntado" se essa categoria não consta na tela de entrada? Além do mais, não podemos ignorar a situação de fraude interna, em que um funcionário do credor digita informações, que, na opinião dele, ajudarão o solicitante "amigo" a obter crédito.

As informações externas são adquiridas de *bureaus* de informações ou de órgãos governamentais.[4] Um problema sério é desconhecer a definição operacional adotada pela agência que fornece a informação. Mais sério ainda é o problema que surge quando essa definição é alterada por esse agente sem aviso aos usuários. Quando o modelo está em uso e uma mudança desse tipo ocorre, as estimativas da probabilidade de ser bom ou mau cliente fornecidas pelo modelo não estarão corretas.

Finalmente é importante saber se a fonte externa é cuidadosa no processamento das informações. Quando essa fonte faz uma análise crítica das informações financeiras fornecidas pelas empresas antes de disponibilizá-las ao público, temos a tranquilidade de trabalhar com dados consistentes.

4.5 CUIDADOS ESPECIAIS NA COLETA DE DADOS

Em geral, a coleta dos dados para montagem da amostra não é realizada pelos estatísticos que participam do desenvolvimento de modelo. Isso fica a cargo da área de informática. A experiência tem mostrado que a probabilidade de ocorrerem erros é grande, normalmente devido a problemas de (má) comunicação entre analistas de credit scoring e analistas de informática (em geral por culpa dos primeiros).

Para evitar esses erros, os analistas envolvidos no modelo e que delinearam o plano de seleção das amostras devem ser extremamente claros e detalhistas. Devem:

— definir claramente datas e intervalos de tempo a serem considerados. Pode parecer repetitivo, pois isto já faz parte do planejamento do modelo, mas devemos ter em mente que, em geral, o analista de informática não participa do planejamento (o que é um erro, infelizmente) e pode não estar a par de todos os detalhes discutidos;

---

[4] Estas informações podem ter um custo mais elevado quando comparado com o benefício gerado pelo crédito concedido, o que faz com que muitas instituições prefiram desenvolver o modelo sem utilizá-las.

— definir claramente como proceder à seleção aleatória dos clientes. Especificar qual o número de identificação dos clientes a ser utilizado como base para o sorteio e, se for o caso, qual o gerador de números aleatórios a utilizar;

— não permitir que os encarregados de coletar os dados façam qualquer alteração no plano amostral, ainda que lhes pareça razoável, sem consultar antes os analistas do modelo;

— ao solicitar os dados correspondentes a uma variável, os analistas do modelo devem especificar sua **definição operacional**, detalhando as diferentes categorias ou valores que essa variável pode assumir. Caso haja discordância entre os dados coletados e os definidos, é importante identificar o motivo dessa discordância;

— definir claramente como devem ser tratados **dados em branco**. Às vezes esses dados vêm com valor 0 (zero). Isso é arriscado, pois o zero pode ser um valor assumido pela variável (por exemplo, 0 dependentes), o que é bem diferente de informação não fornecida. Um procedimento usual é utilizar um valor que a variável não pode assumir como código para dado em branco. Por exemplo, se o *Número de dependentes* do cliente não for informado, podemos utilizar o valor 999 no lugar do branco (é pouco provável que alguém tenha esse número de dependentes!);

— definir claramente a forma de **codificar as datas** (de nascimento, de abertura da conta, da última parcela paga etc.);

— definir claramente qual o mercado-alvo, identificando que tipo de clientes não podem ser incluídos na amostra. Por exemplo:

- *A amostra conterá apenas clientes que em To tinham contrato ativo (limite diferente de zero) de cheque especial, independentemente do fato de terem ou não outros produtos do banco.*

- *Um CPF não pode aparecer duas vezes na amostra.*

- *Os clientes deverão ter data de revisão de cadastro posterior a 1 de janeiro de 2007 (significa que a atualização do cadastro foi feita no máximo 2 anos antes da data de referência).*

- *Não deverão ser selecionados funcionários do banco ou de estatais.*

Recomendamos que a equipe de desenvolvimento de credit scoring sempre guarde uma cópia dos dados originais recebidos de quem os coletou. Servirá para esclarecimentos de dúvidas que certamente surgirão no decorrer do projeto.

5

Análise dos dados

5.1 INTRODUÇÃO

Ao desenvolver um modelo de credit scoring, por mais avançadas que sejam as técnicas estatísticas utilizadas no desenvolvimento de um modelo, nada substitui a **sensibilidade** ganha pela análise dos dados. É importante que o analista conheça o comportamento de cada variável e tenha uma clara noção do perfil dos clientes que compõem a amostra.

Após a coleta de dados e a montagem da base para desenvolvimento do modelo de credit scoring, devemos:

— verificar se os dados foram coletados corretamente, ou seja, se correspondem às especificações solicitadas;

— analisar as características de cada variável individualmente;

— entender a relação entre as variáveis.

Neste capítulo, analisaremos cada variável individualmente; no capítulo seguinte, analisaremos a relação entre as variáveis, particularmente as diferenças das distribuições de cada variável entre bons e maus clientes.

Além das muitas técnicas e softwares existentes para análise de dados, nada substitui o Teorema de Zoyowsky,[1] ou seja, simplesmente olhar os dados para senti-los e identificar eventuais problemas.

---

[1] O autor insiste com seus alunos quanto à importância de "zoiar" os dados com amor para ganhar sensibilidade no trato da variável e detectar problemas.

5.2 ANÁLISE UNIVARIADA

Ao analisar isoladamente cada uma das variáveis potenciais do modelo, o analista deve:

— entender a forma da distribuição de frequências da variável;

— identificar valores inconsistentes, ou seja, valores cuja existência não faz sentido dentro do contexto do estudo ou da definição operacional da variável;

— verificar a existência de valores "em branco" (*missing values*) e decidir quanto à maneira de tratá-los;

— identificar valores discrepantes (*outliers*), investigar sua origem e decidir como tratá-los de modo que não comprometam a validade e adequabilidade dos modelos estatísticos.

— verificar o excesso de valores registrados como "outros" (conhecido como síndrome de outros).

5.2.1 Distribuições de frequências

A distribuição de frequências de uma variável descreve a frequência com que ocorrem os diferentes valores de uma variável. Sua análise é condição necessária para entender o comportamento da variável. A distribuição de frequências deve ser apresentada na forma de tabela ou por meio de um gráfico.

Ao construir a distribuição de frequências de uma variável, temos que registrar todos os valores que ela assume nessa amostra. Isso permite que identifiquemos valores inconsistentes com a definição operacional da variável, valores que aparecem com baixíssima ou elevadíssima frequência, *outliers* (valores discrepantes, muito maiores ou muito menores que os demais valores), valores em branco etc. A detecção e o tratamento desses casos é fundamental para que o modelo obtido seja eficaz e confiável. A seguir ilustramos essa análise com alguns exemplos.

Análise dos dados

Variável qualitativa

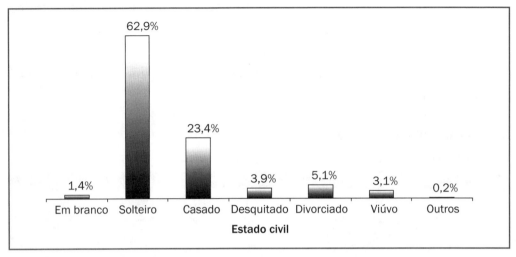

Figura 5.1 Diagrama de barras

Analisando os resultados da Figura 5.1, verificamos que

— aproximadamente 86% dos clientes são casados ou solteiros;

— temos alguns casos de informações em branco (1,4%) e poucos casos de outros;

— não houve presença de informações inconsistentes como, por exemplo, um tipo de estado civil não contemplado na definição operacional de *Estado civil*.

Variável quantitativa discreta

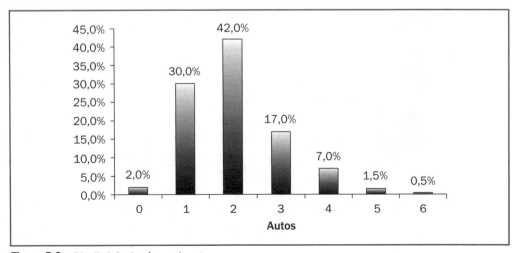

Figura 5.2 Distribuição de número de autos

Analisando os dados, verificamos que

— a porcentagem de clientes decresce à medida que o número de autos cresce. Essa variável tem o comportamento esperado para a maior parte de bens;
— não temos casos de informações em branco;
— não temos casos de valores discrepantes, ou seja, clientes com números aberrantes de autos.

Variável quantitativa contínua

Tabela 5.1   Distribuição de renda total (dados não agrupados)

RNDTOT ($)	Clientes
0,00	21
112,00	7
120,00	11
132,00	13
...	...
41.000,00	7
50.000,00	14
60.000,00	3
Total	9.800

Agrupando os dados em classes obtemos o histograma seguinte:

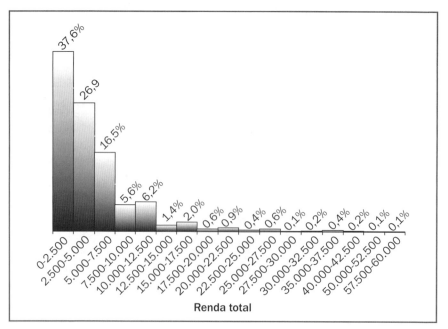

Figura 5.3   Distribuição de frequências de renda total

Análise dos dados

Analisando os dados, com utilização do histograma (Figura 5.3) e da tabela de frequências, verificamos que

— a distribuição é fortemente assimétrica à direita;

— não encontramos valores em branco, o que, considerando-se esse tipo de variável, parece lógico. O crédito só é concedido se o credor conhece a renda do solicitante;

— 21 clientes apresentavam renda total igual a $ 0,00 (zero). Esse fato é muito estranho: é pouco provável que solicitantes com renda igual a zero tenham recebido crédito. Como não encontramos valores em branco para essa variável, uma primeira suspeita para justificar valores iguais a zero é que o responsável pela imputação dos dados tenho digitado zero quando encontrava valor não informado. O analista deve investigar a razão dessa ocorrência;

— pouco mais de 3% dos clientes têm renda total acima de $ 20.000,00. Esse resultado para o mercado do qual foi extraída essa amostra é perfeitamente viável. Além disso, note-se que os valores vão decrescendo suavemente. Não temos um salto abrupto entre os valores extremos e resto da massa de dados.

5.2.2 Identificação e tratamento de inconsistências

Ao analisar uma variável, devemos verificar a existência de inconsistências, ou seja, valores incompatíveis com a definição operacional da variável. Muitas dessas inconsistências podem ser detectadas analisando a variável per si; outros casos só poderão ser identificados ao cruzar duas ou mais variáveis. Consideremos alguns exemplos:

— Pessoas com idades negativas ou muito inferiores (cliente de crédito com 3 anos de idade?!).

— O cliente tem 30 anos de idade e 20 anos de tempo de emprego etc.

— O estado civil do cliente é solteiro e há dados do cônjuge preenchidos.

— Resultados "inacreditáveis".[2]

A primeira ação seria resgatar a fonte de dados original e verificar se não se trata de erro de digitação. Em geral, isso não é viável pela dificuldade e/ou demora em

---

[2] Ao desenvolver um modelo de credit scoring, observamos que todos os clientes do credor em uma amostra muito grande tinham exatamente um automóvel!

localizar os documentos que deram origem aos dados da base. Uma alternativa nesses casos é excluir o valor inconsistente deixando-o em branco (*missing value*), desde que isso não comprometa o tratamento que será dado aos *missing values*, como discutiremos adiante. Eventualmente, se estivermos trabalhando com grandes amostras e esses casos inconsistentes forem raros, podemos dar-nos ao luxo de descartar o indivíduo, apesar de não ser um procedimento correto do ponto de vista ortodoxo.

5.2.3 Identificação e tratamento de *outliers* (dados discrepantes)[3]

Outliers são valores discrepantes, extremos que se afastam de maneira significativa da "massa" de valores da variável. Não são necessariamente incorretos ou inconsistentes dentro da realidade do modelo. Alguns autores preferem denominá-los como *valores suspeitos*. Por exemplo, uma microempresa que apresenta 20 ou mais sócios, apesar de possível, trata-se de um *outlier*. *Outliers* devem ser investigados para entender sua ocorrência. Essa investigação pode conduzir à descoberta de outras inconsistências na base de dados. A simples exclusão de um *outlier*, sem essa análise, não é recomendável.

Um *outlier* pode ocorrer por diferentes razões, entre as quais, as mais comuns são:

— erro de digitação;

— erro no preenchimento da ficha cadastral;

— erro na coleta de dados, quando incluímos um indivíduo que não pertence à população analisada.

A maioria dos softwares estatísticos conta com procedimentos para identificar *outliers*. Esses procedimentos são baseados na suposição de que a distribuição da variável é uma distribuição de Gauss. Em nossa experiência, raras são as distribuições encontradas em problemas de credit scoring que satisfazem o modelo gaussiano. Portanto, nossa recomendação é que a identificação dos *outliers* seja feita por meio de uma **análise visual**. Colocam-se os dados em ordem crescente e analisam-se os maiores e os menores valores da variável, avaliando se são ou não atípicos.

---

[3] Em português *outlier* é "dado discrepante". Utilizaremos, por ser mais comum, o termo em inglês.

Análise dos dados

No exemplo de *Número de autos,* na Figura 5.2, observamos que os clientes têm entre 0 e 6 autos. Um cliente que possuísse 11 autos, por exemplo, seria considerado um *outlier.*

No exemplo da *Renda total* (Figura 5.3 e Tabela 5.1), ao colocar os dados em ordem crescente e analisar seus valores, não identificamos valores que se afastassem abruptamente do restante da massa de dados.

A existência de *outliers* pode comprometer a estimação dos parâmetros da fórmula de escoragem, especialmente em pequenas amostras. Por essa razão, devemos tomar certas ações para mitigar a influência desses pontos. A seguir apresentamos algumas alternativas de ação para lidar com *outliers*:

— Um procedimento é substituir um *outlier* pelo maior (ou menor) valor não discrepante. Por exemplo, no caso do número de autos estudado anteriormente, valores como 11 ou 15 seriam substituídos pelo valor 6, que é o maior valor não atípico para essa variável. Uma regra genérica seria substituir os *outliers* com altos valores pelo 99º percentil (P_{99}) e os *outliers* com valores baixos pelo 1º percentil (P_{01}). Jamais substituir pela média!

— No caso de grandes amostras, com milhares de indivíduos, uma alternativa é eliminar o indivíduo ou descartar apenas o *outlier*, deixando o valor correspondente em branco. Recomendamos que isso só seja feito após exaustiva investigação da origem do *outlier*. Ademais, antes de fazer isso, devemos ter analisado se a ocorrência de dados em branco não tem relação com a classificação bom/mau do cliente. Se, por exemplo, a maioria dos indivíduos com dados em banco para a variável em estudo for mau, significa que há relação entre não informar a variável e ser mau. Nesse caso, o procedimento aqui sugerido, substituir um *outlier* por um "branco", deve ser abandonado, pois criará um viés.

— Outras alternativas usuais para lidar com este problema serão vistas adiante. Consistem em transformar a variável de modo a eliminar ou mitigar o efeito de eventuais *outliers*.

É importante destacar que toda substituição de valores ou transformação de variáveis é uma decisão subjetiva e pode afetar o poder discriminatório da variável. O fundamental é **documentar** a solução adotada, pois o mesmo procedimento deverá ser adotado ao operacionalizar o sistema.

5.2.4 Identificação e tratamento de valores em branco (*missing values*)

Ao analisar um conjunto de dados, frequentemente encontramos vários indivíduo cujos valores para uma ou mais das variáveis potenciais estão em branco. Em português utiliza-se "dados em branco" ou "dados omissos". Neste texto, vamos denominar esses casos de *missing values*, nomenclatura mais comum entre os estatísticos.

As razões mais comuns para a existência de *missing values* são as seguintes:

— O cliente não forneceu essa informação. Várias são as razões para isso:

- recusa em responder;

- não entendimento da pergunta ou campo da ficha cadastral (ficha inadequada ao público a que se destina);

- não se aplica (por exemplo, tempo de emprego para um autônomo);

- intencional: o vendedor (área comercial) responsável pela imputação dos dados não quer perder tempo ou incomodar um cliente potencial e não solicita as informações;

- o banco de dados foi construído com base em fontes de informação distintas (há campos que não são comuns a todas as fontes de informação; por exemplo, o número de dependentes é informado por uma fonte, mas não o é por uma outra fonte).

— A informação fornecida não foi digitada.

— A informação fornecida não coincide com nenhum dos códigos ou valores previstos para a variável na tela de entrada de dados, e o digitador deixou a informação em branco (muito comum no caso de profissões, em que o digitador não entende as abreviações utilizadas e simplesmente pula o campo a ser digitado ou, como veremos adiante, simplesmente coloca "outros").

— O *missing value* é, na realidade, igual a zero. Por exemplo, na variável *Número de protestos* o sistema só atribui valor quando ele é superior a zero. Caso contrário, o campo é deixado em branco. Mas não devemos proceder à substituição do *missing value* por zero antes de ter certeza de que este é o caso.

A literatura estatística apresenta várias alternativas para tratar os valores em branco. Todas elas são arbitrárias e podem afetar de uma forma ou outra o modelo final. **Só devem ser utilizadas quando a ocorrência de *missing values* é aleatória,**

Análise dos dados

ou seja, a frequência de ocorrência de *missing values* é a mesma entre bons e maus clientes. Essa verificação será realizada quando fizermos a análise bivariada, conforme explicaremos no próximo capítulo. A seguir apresentamos alguns destes tratamentos.

— Excluir casos com *missing values*. Não recomendável, porém admissível se o padrão de ocorrência for aleatório, as amostras forem muito grandes e tivermos poucos casos com *missing values*. No caso de pequenas amostras, esse procedimento pode reduzir ainda mais seu tamanho, a ponto de tornar as amostras inadequadas para o desenvolvimento do credit scoring.

— Excluir variáveis com número excessivo de *missing values*. Se a ocorrência de *missing values* for aleatória, variáveis com muitos *missing values* podem ser eliminadas. Cabe ao analista decidir quando excluir uma variável com alta porcentagem de *missing values*. Essa decisão depende também do poder discriminador dessa variável para os casos em que o valor foi informado.

— Manter o valor em branco como uma das categorias da variável (que denotaremos por MV ou NI, de "não informado"). A ela será atribuído um peso na determinação do escore.

— Imputar valores no lugar de *missing values*. A pergunta natural é qual o valor a ser imputado? O valor tem que ser lógico no contexto do modelo. Recomendamos não utilizar a média, a mediana, a moda etc. no lugar de um *missing value*. Um procedimento recomendável é inferir o valor do *missing value* a partir de uma outra variável que tenha alta correlação linear com a variável que contém o *missing value*.

Se o padrão de ocorrência de *missing values* não for aleatório, recomendamos manter o *missing value* como uma das categorias da variável. O fato do proponente não fornecer uma determinada informação pode estar relacionada com sua intenção de não honrar o crédito.

Eliminar todos os casos com *missing values*, sem analisar sua causa, é um erro comum. Primeiro, porque eles podem apresentar padrão não aleatório e sua inclusão na fórmula de escoragem será importante. Em segundo lugar, e principalmente por isto, é uma ilusão supor que não teremos mais *missing values* ao colocar o modelo em operação. Finalmente, quando em operação, obrigar o cliente a preencher todos os campos gerará um viés: será um modelo baseado em um padrão de comportamento do solicitante e aplicado a outra realidade.

5.2.5 Síndrome de "outros"

Neste caso não há o que fazer no desenvolvimento do modelo, a não ser considerar a categoria *Outros* como uma das alternativas da variável. Isso desde que a porcentagem de *outros* seja aceitável. Se uma variável apresentar excesso de *outros*, devemos considerar a possibilidade de excluí-la do modelo. Sempre é interessante verificar se essa categoria tem padrão aleatório ou não no que tange à sua ocorrência entre bons e maus pagadores.

O principal é a orientação dos responsáveis pela aquisição dos dados ou pela alimentação dos bancos de dados para que tomem as devidas providências a fim de evitar isso no futuro.

5.2.6 Problemas com siglas ou abreviações

Um problema usual no preenchimento de cadastros é a utilização de abreviações ou siglas. Por exemplo, se o campo de profissão indica "E.M.", podemos ter diferentes alternativas. Pode ser engenheiro mecânico ou engenheiro mecatrônico, encarregado de manutenção, esteticista, massagista ou outros. Essas diferentes profissões, em nossa experiência, têm mostrado comportamentos bastante distintos quanto à forma de honrar seus compromissos de crédito.

A primeira ideia seria considerar E.M. como uma categoria da variável *Profissão* e pontuá-la como tal (ainda que desconhecida). Esse procedimento não é viável, pois, em geral, o número de casos com a mesma abreviação ou sigla não é grande. Isso sem contar que o analista deve conhecer o significado das categorias a serem contempladas no modelo para avaliar posteriormente a lógica da regra discriminante. Talvez o melhor procedimento seja agrupar esses casos como categoria *Profissões não identificadas* dentro da variável *Profissão* e prosseguir normalmente.

Um erro comum a ser evitado é substituir uma sigla não identificada por um *missing value*. Não informar e informar com siglas são comportamentos distintos e podem sugerir diferentes perfis de proponentes.

Análise dos dados 59

Como no caso de *missing values* e de *outros*, o melhor remédio para essas situações é a prevenção, orientando as pessoas que preenchem os dados para que evitem abreviações. Dessa forma, ao desenvolver o próximo modelo, a magnitude desse problema ficará reduzida.

5.3 DEFINIÇÃO DE NOVAS VARIÁVEIS

A partir da análise dos dados e da experiência do analista, pode-se gerar novas variáveis que tenham bom potencial discriminador. Exemplo disso é o *Comprometimento de renda*, derivado do *Valor da parcela* e da *Renda mensal* do solicitante no caso de pessoa física.

Algumas variáveis requerem a criatividade dos analistas e a análise do contexto onde se aplica o modelo. Por exemplo, no caso de uma operadora de telefonia, uma variável que se mostrou interessante foi uma variável binária (assume os valores sim ou não) que comparava o endereço residencial com o endereço para o qual deveria ser enviada a conta. A incidência de maus pagadores foi significativamente maior quando os endereços diferiam.

No caso de valores monetários, preferimos trabalhar, em geral, com indicadores do tipo razão em vez dos valores monetários originais. Por exemplo, consideremos *Renda* do solicitante. Acreditamos que variáveis do tipo *Renda/Dependente* ou *Comprometimento de renda* sejam mais interessantes para avaliar o risco do solicitante que a própria variável *Renda*. No entanto, por precaução, sempre devemos analisar a variável original (*Renda*) per si.

Transformar uma variável significa gerar uma nova variável cujos valores são função da variável original. Por exemplo, a variável y = log(x) é uma transformação de x.

As transformações dependem da variável a ser transformada e da razão pela qual fazemos esse procedimento. Em geral, temos várias formas de transformar uma mesma variável. Não existe uma regra geral para dizer qual o tipo de transformação mais conveniente. O processo de escolha é iterativo, testando diversas alternativas e observando a que apresenta melhores resultados. As transformações mais utilizadas são a logarítmica, a exponencial, a raiz quadrada e o quadrado. Outras transformações, menos usuais, podem ser encontradas em livros mais avançados de estatística. Nossa experiência sugere que as transformações complexas não conduzem, em geral, a resultados significativamente superiores.

60   Credit Scoring

A definição operacional de uma nova variável deve ser registrada para evitar problemas futuros. Um cuidado especial deve ser tomado com a variável *Idade*. Há programas que calculam a diferença em dias entre a data de referência (To) e a data de nascimento. Depois dividem essa diferença por 360 e obtêm o número de anos. Outros programas, o SPSS, por exemplo, calcula o número de anos levando em consideração o número real de dias de cada ano no intervalo entre essas datas. Como é usual trabalhar com dados categorizados, essa pequena diferença pode afetar o valor do escore de um solicitante.

5.4 DISCRETIZAÇÃO DE VARIÁVEIS

5.4.1 Por que discretizar uma variável quantitativa?

O que significa discretizar uma variável quantitativa? Em termos simples, consiste em dividir a variável quantitativa em faixas de valores (categorias). Por exemplo, a Tabela 5.2 mostra uma forma de discretizar a variável RNDTOT, gerando uma nova variável (K_RNDTOT). A discretização é uma forma de transformação de variáveis.

Tabela 5.2   Categorização de renda total

K_RNDTOT	Clientes	%
0-5.000	6.321	64,5
5.000-10.000	2.170	22,1
10.000-15.000	742	7,6
...	...	...
50.000-55.000	14	0,1
55.000-60.000	7	0,1

Alguns autores utilizam o termo categorizar quando se referem à discretização de variáveis quantitativas. Neste texto vamos utilizá-las de forma intercambiável. Há várias razões que motivam a discretização de variáveis:

— A discretização de uma variável quantitativa permite entender com mais facilidade a relação dessa variável com o *status* (bom/mau) do cliente. Ou seja, quais categorias da variável apresentam maior risco de crédito, quais são neutras e quais apresentam menor risco. Isso ficará muito mais claro no capítulo seguinte, quando trataremos desses cruzamentos entre variáveis.

— Para que um modelo seja implantado é necessário "vendê-lo" à área de crédito. A experiência mostra claramente que os analistas desta área entendem melhor o

Análise dos dados

comportamento de uma variável quando ela é apresentada discretizada (na forma de tabela). Recursos estatísticos como o *box plot*, por exemplo, que permitem comparar o comportamento de uma variável contínua entre bons e maus clientes, não são compreendidos por leigos em estatística.

— No caso de uma variável ordenada (quantitativa ou qualitativa), a discretização permite analisar se a variação do risco também segue essa ordenação. Por exemplo, nas figuras seguintes, podemos verificar se o risco de cada categoria da variável *Grau de instrução* (medido pela porcentagem de maus clientes nessa categoria) decresce à medida que o grau de instrução cresce. No caso de *Idade*, esse tipo de linearidade não corre.

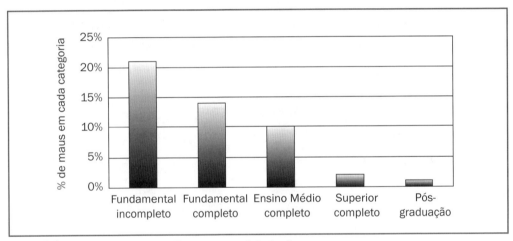

Figura 5.4 Porcentagem de maus clientes por grau de instrução

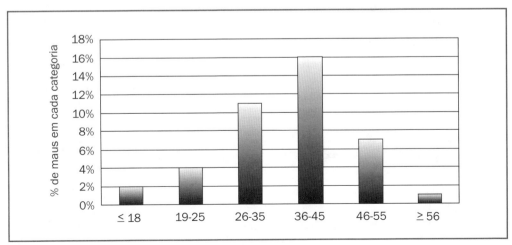

Figura 5.5 Porcentagem de maus clientes por faixa etária

— Quando a relação entre uma variável quantitativa e a medida de risco não é monotônica, como no exemplo da *Idade* visto acima, a discretização é extremamente vantajosa, pois cada categoria será tratada de forma independente ao calcular os pesos. Isso decorre do uso de variáveis binárias geradas a partir dessas categorias.

— Ao discretizar variáveis quantitativas, podemos mitigar o efeito de fortes assimetrias de uma variável. Para isso, geramos uma categoria que compreenda todos os valores acima de um determinado número. No exemplo de *Renda total,* visto anteriormente, poderíamos agrupar todos os valores acima de $ 20.000, conforme ilustrado na Tabela 5.3. Note que esta seria uma forma alternativa de "esconder" os *outliers*; mas continuamos insistindo que o analista investigue os *outliers.*

— Uma aplicação mais complexa da discretização deu bons resultados ao mesclar em um mesmo modelo empresas de diferentes setores de atuação (comércio, indústria, serviços e primário). As magnitudes de alguns indicadores financeiros nesses setores são bem distintas (por exemplo, pense na importância do *estoque* na análise de uma empresa de advocacia e compare-a com a importância do *estoque* na análise de uma cadeia de lojas varejistas). Mesclar em um único modelo os diferentes setores não é aconselhável, pois não leva em consideração essas diferenças setoriais.

Neste caso, discretizamos cada índice, de forma independente para cada setor, em cinco categorias (muito alto, alto, médio, baixo e muito baixo). Com essa discretização, pudemos definir uma variável única para todas as empresas e trabalhar com um único modelo de escoragem. Por exemplo, alto risco pode significar de 1,0 a 1,5 para empresas comerciais e de 1,4 a 2,3 para empresas industriais. Assim, se para uma empresa comercial determinado índice tem valor 1,2, esse índice será categorizado como alto risco; se uma empresa industrial apresentar esse mesmo valor não será categorizado como alto risco.

Tabela 5.3 Discretização de *renda total*

RNDTOT	Clientes	%
0-5.000	6.321	64,5
5.000-10.000	2.170	22,1
10.000-15.000	742	7,6
15.000-20.000	259	2,6
20.000-25.000	308	3,1

Análise dos dados

— A discretização de variáveis quantitativas no desenvolvimento de modelos de credit scoring também possui suas razões históricas. Os escores eram calculados manualmente com o auxílio de uma planilha (denominada *scorecard*). A Tabela 5.4 é uma imagem simplificada de um *scorecard* (os pesos são fictícios).

Tabela 5.4 *Scorecard*

Variável	Pesos				
Tipo de residência	Própria	Alugada	Outras		
	10	5	0		
Grau de instrução	Analfabeto	Primário	Secundário	Superior	
	-10	10	18	33	
Faixa etária	18-24	25-35	36-50	Mais de 50	
	8	16	-5	20	
Cartão de crédito	1ª linha	2ª linha	Não possui		
	40	17	0		
Ocupação	Empresário	Funcionário	Autônomo	Aposentado	Outros
	14	27	-10	32	12

A discretização de variáveis quantitativas apresenta, em contrapartida, algumas desvantagens:

— perdemos informação ao agrupar indivíduos com valores distintos e tratá-los de forma semelhante;

— prejudicamos ou favorecemos aqueles que estão próximos às fronteiras de cada categoria e

— aumentamos a dimensionalidade do problema (como veremos no capítulo seguinte).

No que segue, iremos aplicar a discretização das variáveis quantitativas por sermos da opinião de que apresenta mais vantagens que desvantagens, sem comprometer significativamente a eficiência do modelo.

5.4.2 Como discretizar variáveis quantitativas?

Existem diversos métodos para categorizar variáveis quantitativas. Uma primeira recomendação é que o número de indivíduos em cada categoria não seja pequeno. Uma regra comum entre analistas é que nenhuma classe poderá ter frequência inferior a 5% do tamanho da amostra. A regra funciona bem para amostras com 10.000 clientes ou mais, garantindo pelo menos 500 clientes em cada categoria. Se as amostras não forem grandes, essa regra não é satisfatória. Preferimos redefinir a regra recomendando um mínimo de 500 casos por categoria. Mesmo assim, em muitos casos, trabalhamos com categorias com menor número de clientes, por limitação no tamanho da amostra ou por não fazer sentido fundir duas ou mais categorias para alcançar esse valor.

Uma decisão a ser tomada no processo de discretização de variáveis quantitativas é o número de categorias a determinar. Em geral, em função da amplitude da variável, iniciamos utilizando de dez a vinte categorias. Com um número maior, em geral, não experimentamos uma melhora significativa no modelo resultante. Após essa primeira discretização, algumas categorias provavelmente serão fundidas. O número final de categorias não deve ser muito superior a cinco, exceto em casos excepcionais.

Sugerimos três métodos para a discretização preliminar das variáveis quantitativas.

Uso de percentis

Dividimos a variável em classes de frequências aproximadamente iguais. Por exemplo, utilizando os decis (P_{10}, P_{20},... P_{90}), dividimos a variável em dez classes de frequências teoricamente iguais a 10%. Na realidade, devido à existência de muitos valores repetidos na amostra, as classes terão frequências aproximadamente iguais a 10% dos indivíduos. O exemplo a seguir (Tabela 5.5) mostra a divisão de *Renda* em dez classes de "mesma" frequência.

Tabela 5.5 Categorização utilizando decis

K_RNDTOT	Frequência	Porcentagem (%)
0,00	1.029	10,5
0,01-1.407,50	931	9,5
1.407,51-2.000,00	1.239	12,6
2.000,01-2.500,00	798	8,1
2.500,01-3.159,00	903	9,2
3.159,01-4.000,00	1.001	10,2
4.000,01-5.000,00	1.008	10,3
5.000,01-7.000,00	966	9,9
7.000,01-10.249,00	945	9,6
10.249,0,1 ou mais	980	10,0
Total	**9.800**	**100,0**

Análise dos dados

Método julgamental

Neste método os limites das classes são definidos com base na experiência e no bom-senso do analista que desenvolve o modelo. A menos que a analista possua muita experiência com a operação de crédito sendo considerada, não recomendamos este método para iniciar o processo de discretização de uma variável.

Método AID – Automatic Interaction Detection

Hoje dispomos de softwares que permitem discretizar uma variável de acordo com algum critério selecionado. O método de agrupamento AID adota como critério a discretização das variáveis de forma que dentro de cada categoria gerada a separação entre bons e maus seja ótima ("máxima") de acordo com critério baseado na estatística χ^2. A Tabela 5.6 apresenta uma discretização efetuada com o método AID. Notamos que a variável renda total foi categorizada em quatro classes:

Tabela 5.6 Discretização utilizando AID

K_RNDTOT	Clientes	Porcentagem (%)
RNDTOT ≤ 1.405	1.960	20,0
1.405 < RNDTOT ≤ 3.158	2.940	30,0
3.158 < RNDTOT ≤ 7.000	2.975	30,4
7.000 < RNDTOT	1.925	19,6

5.5 FUSÃO DE CATEGORIAS DE VARIÁVEIS QUALITATIVAS OU QUANTITATIVAS

Os métodos que discutiremos nesta seção aplicam-se tanto a variáveis qualitativas quanto a variáveis quantitativas discretizadas.

Em variáveis qualitativas nominais, que possuem um número muito grande de possíveis categorias, muitas destas têm um número pequeno de casos, o que não é bom para o desenvolvimento do modelo de credit scoring, pois poderemos dar pesos a categorias representadas por poucos indivíduos. Exemplos típicos dessas variáveis são *Ramo de atividade*, *Profissão*, *Unidade da Federação* e *CEP*. As categorias originais da variável são então fundidas para obter-se um número menor de categorias. O processo de agrupamento pode ser em função da experiência dos analistas ou, preferivelmente, seguir algum critério estatístico. Eventualmente, podemos adotar um misto desses dois procedimentos.

Os critérios usuais de fusão de categorias baseiam-se nas porcentagens de bons e maus nas diferentes categorias. Esses critérios serão explorados no capítulo seguinte, quando cruzaremos as distribuições da variável *Status* (bom/mau) e de cada uma das variáveis potenciais.

Ilustramos, como exemplos, algumas formas usuais de procedimento sem o uso de critérios estatísticos. Nossa recomendação, no entanto, é pelo uso de critérios estatísticos, a não ser que, por algum motivo específico, o analista tenha boas razões para fundir duas ou mais categorias.

— A variável *Ramo de atividade da empresa* apresenta dezenas de categorias. Podem-se agrupar esses ramos com outros ramos do mesmo setor de atividade (supõe-se aqui que setores correlatos têm o mesmo comportamento, o que pode não ser verdade).

— Outro exemplo é o caso da variável *Profissão*. Centenas de profissões distintas aparecem nas bases de dados. Pode-se agrupar as profissões utilizando um critério subjetivo de semelhança. Alguns analistas agrupam as profissões utilizando os grandes grupos adotados nas declarações do imposto de renda (IR). Esse critério é discutível, pois o agrupamento do IR não foi criado levando em consideração comportamentos semelhantes em relação a crédito. Não recomendamos proceder desta última forma.

— Outro caso é o da variável *CEP*. Em geral, utilizamos os dois primeiros dígitos do CEP.[4] Dessa forma teremos teoricamente 99 possíveis localidades. O problema que surge é como e em quantas categorias agrupar. Em muitas situações os solicitantes concentram-se em algumas poucas regiões. Os CEPs dessas regiões não precisam ser agrupados, pois terão frequências elevadas. Apenas aqueles CEPs com menor frequência deverão ser agrupados. O critério pode ser o agrupamento, considerando apenas o primeiro dígito (por exemplo, agruparemos em uma única categoria todos os CEPs cujo primeiro dígito for 3), ou macrorregiões, ou mesmo Estados da Federação.

5.6 GERAÇÃO DE VARIÁVEIS *DUMMIES*

O tipo de transformação mais utilizado no desenvolvimento de um modelo é a transformação de uma variável categórica em variáveis *dummies*. Uma variável *dummy* é uma variável que assume apenas dois valores: valor 1 (um) se uma determinada condição é atendida e valor 0 (zero) se essa condição não é atendida. As

---

[4] Um dos motivos para isto é não discriminar bairros que agrupem comunidades de indivíduos com mesma etnia.

Análise dos dados

67

dummies são também denominadas variáveis binárias, variáveis 0-1, ou variáveis indicadoras. Permitem associar valores numéricos a uma variável quantitativa.

Se uma variável qualitativa apresenta k categorias, geramos (k-1) variáveis *dummy*. Esta transformação vale tanto para variáveis qualitativas por natureza quanto para variáveis resultantes da discretização de variáveis contínuas. Por exemplo, a transformação em *dummies* para a variável *Estado civil* será:

Tabela 5.7 Transformação em variáveis *dummies*

ECIV	B_ECIV1	B_ECIV2	B_ECIV3	B_ECIV4
Solteiro	1	0	0	0
Casado	0	1	0	0
Separado	0	0	1	0
Viúvo	0	0	0	1
Outros	0	0	0	0

A categoria *Outros* neste exemplo é denominada referência (todos os valores iguais a zero). A escolha da categoria referência é arbitrária, se bem que em geral procuraremos aquela que tiver o maior ou o menor risco de crédito. Isto só é possível após a análise bivariada, que será vista no capítulo seguinte.[5]

Quando a variável qualitativa é ordenada e varia monotonicamente com o risco de crédito, podemos utilizar uma variante da transformação em *dummies* a fim de manter a estrutura de ordem. Diz-se que há variação monotônica se o risco (probabilidade de ser mau cliente) de crédito crescer gradativamente (ou decrescer gradativamente) à medida que a ordem da variável cresce. Tomemos como exemplo a variável *Grau de instrução* (vide Figura 5.4). A variação com o risco de crédito é monotônica. A Tabela 5.8 ilustra a transformação em *dummies* com ordenação.

Tabela 5.8 *Dummies* com ordenação

Grau de instrução	B_GRINST1	B_GRINST2	B_GRINST3
Fundamental	0	0	0
Médio	1	0	0
Superior	1	1	0
Pós-graduação	1	1	1

---

[5] O motivo desta escolha é pura conveniência: que todos os coeficientes das respectivas *dummies* tenham mesmo sinal.

A ideia por trás desta transformação é simples; quem tem um determinado grau de instrução acumula também os graus anteriores. Por exemplo, quem tem curso superior, também tem os Ensino Médio e Fundamental.

5.7 TERMINANDO A ANÁLISE UNIVARIADA

Após terminar a primeira parte da análise de dados, seguindo as orientações dadas neste capítulo, os analistas da equipe de modelagem devem discutir com os demais analistas do credor os principais achados nesta fase.

— Os resultados são coerentes? São aceitáveis pelos analistas de crédito?

— A discretização gerou categorias coerentes?

— O tratamento de *missing values* tem lógica? É aceitável?

— O tratamento dos *outliers* foi correto?

— ....

Uma discussão mais interessante fica para depois da análise bivariada, que será apresentada no capítulo seguinte. Além disso, reforçamos a importância de registrar todos os resultados e análises por escrito em um relatório (memória de cálculos) que será a base do relatório final.

6

Análises bivariadas

6.1 INTRODUÇÃO

Neste capítulo vamos analisar a relação entre duas variáveis. O interesse maior é na relação de cada variável preditora com a variável *Status* que caracteriza o cliente como bom ou mau.

Os objetivos da análise bivariada são:

— analisar potencial discriminador de uma variável preditora;

— analisar e refinar a categorização de variáveis;

— identificar comportamentos estranhos ou inesperados de uma variável;

— identificar correlações entre as variáveis preditoras;

Para analisar a relação de uma variável, *Tipo de residência*, por exemplo, com a variável *Status*, podemos considerar três formas distintas de tabelas de contingência:

Tabela 6.1　Tabela de contingência com frequências absolutas

Tipo de residência	Status		Total
	Maus	Bons	
Alugada	2.378	3.572	5.950
Missing value	235	532	767
Mora com terceiros	71	93	164
Outros	155	270	425
Própria	5.061	12.488	17.549

Tabela 6.2 Tabela de contingência com frequências relativas (em porcentagem, por coluna)

Tipo de residência	Status		
	Maus	Bons	Total
Alugada	30,1%	21,1%	23,9%
Missing value	3,0%	3,1%	3,1%
Mora com terceiros	0,9%	0,5%	0,7%
Outros	2,0%	1,6%	1,7%
Própria	64,1%	73,7%	70,6%
Total	100,0%	100,0%	100,0%

Tabela 6.3 Tabela de contingência com frequências relativas (em porcentagem, por linha)

Tipo de residência	Status		
	Maus	Bons	Total
Alugada	40,0%	60,0%	100,0%
Missing value	30,6%	69,4%	100,0%
Mora com terceiros	43,3%	56,7%	100,0%
Outros	36,5%	63,5%	100,0%
Própria	28,8%	71,2%	100,0%
Total	31,8%	68,2%	100,0%

Na Tabela 6.3, em cada linha temos a **distribuição condicional** de *Status* para cada categoria de *Tipo de residência*.

Admitamos que a única variável seja o *Tipo de residência*. Se um cliente residir em uma casa própria, a probabilidade de que seja um cliente bom é igual a 0,712 (71,2%). Denota-se essa probabilidade condicional por P(bom | própria) = = 0,712. Observamos também nessa tabela que 68,2% dos clientes da amostra são bons [P(bom) = 0,682] e os demais 31,8% são maus [P(mau) = 0,318]. No que segue, utilizaremos a tabela com as distribuições condicionais de *Status* (% na linha) com maior frequência.

6.2 FUSÃO DE CATEGORIAS

Vimos no capítulo anterior a conveniência de fundir (agrupar) algumas categorias de uma variável preditora. Neste capítulo, vamos refinar essa operação. Reduzindo o número de categorias, teremos maior frequência por categoria, o que dará maior confiabilidade ao analisar e utilizar essas categorias. Além do mais, a redução do número de categorias implica uma conveniente redução da dimensionalidade do problema.

Análises bivariadas

71

Categorias com pequena frequência podem induzir a interpretações equivocadas quanto ao comportamento da variável e a um fenômeno denominado *overfit*, ou seja, um modelo que responde bem à amostra de desenvolvimento, mas que não se mostra eficiente quando aplicado a outras amostras.

Além das razões expostas no capítulo anterior, vamos também explorar o agrupamento de categorias como uma forma de maximizar diferenças entre categorias, com o objetivo de aumentar o poder preditivo da variável.

Para ilustrar a fusão de categorias, consideremos a variável *Tipo de residência* vista anteriormente.

Tabela 6.4 Distribuição de *Tipo de residência*

Tipo de residência	Status		
	Maus	Bons	Total
Alugada	30,1%	21,1%	23,9%
Missing value	3,0%	3,1%	3,1%
Mora com terceiros	0,9%	0,5%	0,7%
Outros	2,0%	1,6%	1,7%
Própria	64,1%	73,7%	70,6%
Total	100,0%	100,0%	100,0%

Observamos que as categorias *MV*, *Mora com terceiros* e *Outros* apresentam baixa frequência. Podemos agrupar essas três categorias. A distribuição resultante é apresentada a seguir na Tabela 6.5:

Tabela 6.5 Fusão de classes

Tipo de residência	Status		
	Maus	Bons	Total
Alugada	30,1%	21,1%	23,9%
Própria	64,1%	73,7%	70,6%
MV + Terceiros + Outros	5,8%	5,3%	5,5%
Total	100,0%	100,0%	100,0%

Como essa variável não é ordenada, poderíamos ter fundido essas categorias mesmo que não fossem adjacentes. Um ponto importante é que a nova categoria tem que ser aceitável dentro do contexto do problema. Caso contrário será difícil "vender" o modelo aos analistas de crédito.

Em uma tabela de contingência, mesmo no caso em que as frequências de todas as categorias são suficientemente grandes, podemos analisar ainda a conveniência de agrupar novas categorias. A ideia é agrupar categorias com mesmo potencial discriminador de modo a trabalhar com menos categorias e maiores frequências.

6.2.1 Critérios utilizados para fusão de categorias

Diferentes critérios podem ser utilizados para decidir quais categorias agrupar. Recomendamos que estes critérios, descritos a seguir, somente sejam utilizados se a frequência de cada categoria for suficientemente grande, com pelo menos 500 indivíduos nas categorias a considerar.[1] Nos casos – cada vez mais raros –, de pequenas amostras, estes critérios deverão ser utilizados com muito cuidado, pois as frequências de algumas categorias podem ser muito pequenas, conduzindo a conclusões pouco confiáveis.

Quociente B/M

Consideremos a tabela seguinte, que mostra a discretização da variável *Idade*. A coluna B/M é o quociente da porcentagem de bons de uma categoria dividida pela porcentagem de maus dessa categoria. Note que estamos trabalhando com as porcentagens de bons e maus dentro de cada faixa de *Idade* (% linha).

Tabela 6.6   Cálculo de B/M

	Status		
Idade	Bons	Maus	B/M
29 ou –	64,35%	35,65%	1,80
30-36	54,84%	45,16%	1,21
37-42	44,54%	55,46%	0,80
43-49	45,55%	54,45%	0,84
50 ou +	40,48%	59,52%	0,68
Total	50,00%	50,00%	1,00

---

[1] A ideia é que as estimativas das probabilidades condicionais de bons e maus sejam confiáveis, ou seja, sujeitas a pequena margem de erro. O ideal seria calcular o tamanho mínimo para cada classe utilizando as fórmulas apresentadas nos livros de inferência em estimação de parâmetros.

Análises bivariadas

Notamos, utilizando o Teorema de Zoyowsky, ou seja, simplesmente observando os dados, que as porcentagens nas faixas 37-42 e 43-49 são muito parecidas. Isso é confirmado pela análise dos valores dos quocientes B/M. Como as duas categorias têm o mesmo poder preditivo e são adjacentes (variável ordenada!), vamos fundi-las em uma única categoria, 37-49, resultando a Tabela 6.7.

Note-se que o quociente B/M decresce monotonicamente à medida que a idade avança. Isso mostra que, neste particular exemplo, à medida que a idade avança, o risco de crédito aumenta. Essa situação é pouco usual.

O critério B/M, por ser simples e lógico, é nossa recomendação para a fusão de classes. Outros dois métodos são apresentados a seguir.

Tabela 6.7 Fusão utilizando B/M

Idade	Status		B/M
	Bons	Maus	
29 ou −	64,35%	35,65%	1,80
30-36	54,84%	45,16%	1,21
37-49	45,00%	55,00%	0,82
50 ou +	40,48%	59,52%	0,68
Total	50,00%	50,00%	1,00

6.2.2 Peso da evidência (WOE)

Um critério frequentemente encontrado na literatura é o **Peso da Evidência** (WOE–*weight of evidence*). Para calcular o WOE, utilizamos a distribuição de frequências dentro de cada categoria de *Status* (bons e maus), ou seja, as porcentagens por coluna. O WOE é uma forma de medir a distância entre as categorias das duas distribuições (distribuição de bons e distribuição de maus).

Tabela 6.8 Distribuição de *Idade* por coluna

Idade	Status		WOE
	Bons	Maus	
≤ 29	24,67%	13,67%	0,59
30-36	22,67%	18,67%	0,19
37-42	17,67%	22,00%	−0,22
43-49	18,00%	20,67%	−0,14
50 ou +	17,00%	25,00%	−0,39
Total	100,00%	100,00%	

A fórmula do WOE é dada a seguir, em que **LN** representa o logaritmo neperiano e c uma categoria da variável preditora:

$$WOE = LN\left[\frac{P(c\,|\,bom)}{P(c\,|\,mau)}\right]$$

Por exemplo, para a faixa etária c = [30-36], teremos:

$$P(30-36\,|\,bom) = 0,2267 \text{ e } P(30-36\,|\,mau) = 0,1867$$

$$WOE = LN\left(\frac{0,2267}{0,1867}\right) = 0,194$$

Como as categorias 37-42 e 43-49 têm os WOE próximos, podemos fazer a fusão das classes.

6.2.3 Agrupamento pelo AID

Podemos utilizar o método AID explicado anteriormente para agrupar as categorias. O procedimento é o mesmo descrito no capítulo anterior.

6.2.4 Comparação de duas formas de fusão de classes

Considere o exemplo seguinte, contemplando a variável *Banco*:

Tabela 6.9 Distribuição da variável *Banco*

	Status		
Banco	Maus	Bons	Total
Banco A	850	3.650	4.500
Banco B	330	1.670	2.000
Banco C	80	220	300
Banco D	540	1.660	2.200
Total	1.800	7.200	9.000

O número de clientes no Banco C é pequeno. Como a variável não é ordenada, podemos agrupar a categoria Banco C com qualquer outra. No entanto, procuraremos aquela fusão que de alguma forma maximize a distância entre bons e maus clientes.

Análises bivariadas

Há vários critérios para selecionar a melhor forma de agrupar as classes. Entre eles os mais conhecidos são o IV de Kulbak e o valor do χ^2 do teste de independência (ou homogeneidade).

O IV é a soma dos WOE calculados e ponderados após o agrupamento das categorias. Sua fórmula é

$$IV = \sum \left[P(c \mid Bom) - P(c \mid Mau) \right] \times WOE = \sum \left[P(c \mid Bom) - P(c \mid Mau) \right] \times LN \left[\frac{P(c \mid Bom)}{P(c \mid Mau)} \right]$$

Vamos aplicar essa fórmula a duas formas de fusão:

Tabela 6.10 Cálculo de IV

<table>
<tr><th colspan="5">Fusão B e C</th></tr>
<tr><td rowspan="2">Banco</td><td colspan="2">Status</td><td rowspan="2">Parcelas de IV</td></tr>
<tr><td>Maus</td><td>Bons</td></tr>
<tr><td>A</td><td>47,2%</td><td>50,7%</td><td>0,0025</td></tr>
<tr><td>B + C</td><td>22,8%</td><td>26,3%</td><td>0,0049</td></tr>
<tr><td>D</td><td>30,0%</td><td>23,1%</td><td>0,0183</td></tr>
<tr><td>Total</td><td>100,0%</td><td>100,0%</td><td>IV = 0,0257</td></tr>
</table>

<table>
<tr><th colspan="5">Fusão C e D</th></tr>
<tr><td rowspan="2">Banco</td><td colspan="2">Status</td><td rowspan="2">Parcelas de IV</td></tr>
<tr><td>Maus</td><td>Bons</td></tr>
<tr><td>A</td><td>47,2%</td><td>50,7%</td><td>0,0025</td></tr>
<tr><td>B</td><td>18,3%</td><td>23,2%</td><td>0,0114</td></tr>
<tr><td>C + D</td><td>34,4%</td><td>26,1%</td><td>0,0231</td></tr>
<tr><td>Total</td><td>100,0%</td><td>100,0%</td><td>IV = 0,0370</td></tr>
</table>

Como o maior valor de IV ocorre com C + D, vamos adotar esta fusão.

Se aplicássemos o teste χ^2 e comparássemos as estatísticas do teste, chegaríamos à mesma conclusão. O χ^2 para a fusão B + C é igual a 38,7 e para a fusão B + D, igual a 54,8.

Em muitas situações, a escolha da melhor forma de fusão pode ser feita sem recorrer a medidas estatísticas. Os analistas selecionam a fusão mais "lógica" em função de sua experiência, ou simplesmente comparam a olho as distribuições resultantes e selecionam a que lhes parecer mais adequada.

6.2.5 Imputação de valores para variáveis qualitativas

Alguns analistas sugerem que atribuamos valores às categorias de uma variável qualitativa. A vantagem será a redução de dimensionalidade, pois não necessitaremos construir as variáveis *dummies* correspondentes.

Nossa experiência mostra que a imputação de valores não conduz a melhores resultados. Em geral, temos obtido resultados equivalentes ao uso de variáveis *dummies* ou levemente inferiores. No entanto, acreditamos que é uma solução que não deve ser desprezada porque o teste do modelo com esta alternativa é uma tarefa muito simples e, em caso positivo, o modelo fica mais simples.

Apresentamos a seguir algumas sugestões para atribuir valores às categorias de *Idade*. A primeira sugestão é associar o valor B/M a cada categoria. Alternativamente, podemos utilizar P(bom | categoria), a probabilidade de ser bom cliente na categoria considerada. Finalmente podemos imputar $100 \times$ WOE (não esquecer que os WOE são calculados com as porcentagens coluna). Em geral, qualquer das escolhas leva a modelos muito similares, pois a correlação entre os valores imputados utilizando as diferentes alternativas é alta.

Tabela 6.11 Valores atribuídos às diferentes categorias de *Idade*

	Status		Valores atribuídos		
Idade	Bons	Maus	B/M	P(bom|c)	$100 \times$ WOE
29 ou menos	64,4%	35,7%	1,8	0,64	59,04
30-36	54,8%	45,2%	1,2	0,55	19,41
37-49	45,0%	55,0%	0,8	0,45	-17,92
50 ou mais	40,5%	59,5%	0,7	0,40	-38,57

6.3 ANÁLISE DO PODER PREDITIVO DAS VARIÁVEIS

Ao analisar o cruzamento de uma variável potencial com a variável *Status* (bom ou mau) é possível ter uma noção do poder discriminador dessa variável. Essa análise pode ser realizada utilizando indicadores estatísticos ou simplesmente analisando visualmente a tabela de contingência.

Consideremos os dois exemplos seguintes, utilizando as variáveis *Sexo (PF)* e *Setor (PJ)*, admitindo que a quantidade clientes em cada categoria da variável potencial é suficientemente grande para permitir tirar conclusões a olho.

Tabela 6.12 Distribuição da variável *Sexo*

Distribuição linha de *Sexo*

	Status		
Sexo	Bons	Maus	Total
Masc.	80,4%	19,6%	100,0%
Fem.	78,4%	21,6%	100,0%
Total	80,0%	20,0%	100,0%

Distribuição coluna de *Sexo*

	Status			
Sexo	Bons	Maus	Total	
Masc.	81,3%	79,4%	80,92%	0,000
Fem.	18,7%	20,6%	19,08%	0,002
Total	100,0%	100,0%	100,0%	IV = 0,002

Análises bivariadas

77

Tabela 6.13 Distribuição da variável *Setor*

Distribuição linha de *Setor*

| Setor | Status | | |
	Bons	Maus	Total
Comércio	94,6%	5,4%	100,0%
Indústria	79,4%	20,6%	100,0%
Serviços	91,8%	8,2%	100,0%
Total	90,0%	10,0%	100,0%

Distribuição coluna de *Setor*

| Setor | Status | | | |
	Bons	Maus	Total	
Comércio	65,1%	33,7%	62,0%	0,207
Indústria	24,9%	58,3%	28,2%	0,284
Serviços	10,0%	8,0%	9,8%	0,004
Total	100,0%	100,0%	100,0%	IV = 0,495

6.3.1 Análise visual

Para analisar visualmente as tabelas, preferimos considerar as porcentagens por linha, ou seja, a distribuição de *Status* dentro de cada categoria da variável. Vamos comparar a distribuição linha de cada categoria com a distribuição linha da amostra (última linha da tabela).

O analista com formação em estatística sabe que esta análise, apesar de importante, não é definitiva. Diferenças entre porcentagens devem ser avaliadas com testes estatísticos adequados. No entanto, esta análise visual é muito importante para melhor entender as variáveis e não deve ser esquecida no desenvolvimento de um modelo.

Consideremos a variável *Sexo*. Na amostra como um todo, temos 80% de bons e 20% de maus. Esses valores servirão de referência. Se uma categoria da variável não tiver relação com o *Status*, esperamos que as porcentagens de bons e maus dentro dessa categoria sejam, respectivamente, próximas a 80% e 20%. Percebemos que esse é o caso tanto para o sexo masculino quanto para o feminino. As porcentagens em cada linha são muito similares a 80% e 20%. Em princípio, essa variável parece não ter poder discriminador significativo. Dizemos "em princípio", pois, no caso de categorias com um número muito grande de clientes, pequenas diferenças podem ser significantes.[2]

Consideremos a variável *Setor*. A distribuição de *Status* mostra que temos 90% de bons e 10% de maus. Na categoria *Comércio*, a distribuição difere dessa referência. A porcentagem de bons é significativamente superior (94,6%) e a de maus conse-

---

[2] Para testar se a diferença é significante, o leitor deve considerar o teste de hipóteses de uma proporção, que pode ser encontrado em livros elementares de estatística.

quentemente inferior. Para a categoria *Indústria* a porcentagem de bons é significativamente inferior (79,4%) e a de maus consequentemente superior. Para o setor *Serviços* não percebemos diferenças significativas. Portanto, se uma empresa é do setor comércio, ela apresenta menor risco enquanto uma empresa do setor indústria apresenta maior risco. Saber que uma empresa é do setor serviços não agrega informação quanto ao nível de risco.

6.3.2   Análise utilizando a estatística IV

A estatística IV permite avaliar o potencial discriminador de uma variável. Se as distribuições da variável para os bons e para os maus forem diferentes, a variável permitirá discriminar esse dois tipos de clientes. Lembramos que para calcular essa estatística utilizamos a distribuição coluna, ou seja, as distribuições de uma variável para cada tipo de cliente, bons e maus.

No caso da variável *Sexo*, obtemos IV = 0,002 e no caso de *Setor*, obtemos IV = = 0,495. Para concluir, com relação a esses valores, alguns autores apresentam tabelas de referência. São tabelas baseadas em resultados empíricos e, portanto, apresentam pequenas diferenças entre si.

Tabela 6.14   Valores de referência para IV

Siddiqi (2006)		Thomas et al. (2002)	
I V < 0,1	Fraca	I V < 0,1	Fraca
0,1 ≤ I V ≤ 0,3	Média	0,1 ≤ I V ≤ 0,25	Média
I V > 0,3	Forte	I V > 0,25	Forte
IV > 0,5	Superforte		

Analisando os valores obtidos para *Sexo* e *Setor*, confirma-se o que havia sido concluído com a análise visual.

Siddiqi (2006) chama a atenção para as variáveis superfortes. Seu poder discriminador é muito alto e, em certos casos, camuflam o efeito discriminador de outras variáveis. Exemplo típico de variáveis superfortes são algumas variáveis que medem o número de desabonos (cheques sem fundos, por exemplo). Em muitos casos é recomendável segmentar a amostra em clientes que possuem esses desabonos e clientes que não os possuem, e rodar modelos distintos para cada segmento.

Análises bivariadas

79

Outra alternativa, que veremos no Capítulo 7, é selecionar as variáveis em blocos, de modo a impedir que essas variáveis superfortes camuflem outras variáveis que representem outras famílias de características do cliente ou operação. Um bom modelo de escoragem de crédito deve conter variáveis com diferentes facetas do cliente e da operação.

6.4 PRÉ-SELEÇÃO DE VARIÁVEIS

Alguns analistas de modelos de credit scoring têm como prática "eliminar" variáveis com baixo poder discriminador antes de passar para a etapa de cálculo da fórmula. O objetivo de não incluir essas variáveis ao calcular a fórmula de credit scoring é simplificar o cálculo, a análise e a interpretação dos resultados. Esse procedimento é arriscado, pois poderemos eliminar variáveis que individualmente têm baixo poder discriminador, mas em conjunto com outras variáveis podem ter forte impacto na avaliação do risco de um cliente. O efeito combinado de duas ou mais variáveis é denominado de interação das variáveis. Portanto, a menos que decidamos a priori que nosso modelo será puramente aditivo (i. e., sem considerar interações), não devemos eliminar as variáveis a priori.

Para ilustrar o efeito de interação, consideremos o caso de uma amostra com 10.000 clientes. Vamos classificá-los de acordo com duas variáveis: *Bairro* onde residem e *Sexo*.

Tabela 6.15 Análise do efeito de interação

Distribuição de *Bairro*				Distribuição de *Sexo*			
	Status				Status		
Bairro	Bons	Maus	Total	Sexo	Bons	Maus	Total
ABC	3.000	3.000	6.000	Masc.	4.000	4.000	8.000
PQR	2.000	2.000	4.000	Fem.	1.000	1.000	2.000
Total	5.000	5.000	10.000	Total	5.000	5.000	10.000

Analisando as tabelas, notamos facilmente que nenhuma dessas variáveis tem poder discriminador. No entanto, vamos admitir que a análise conjunta das variáveis apresente a distribuição seguinte (caso extremo para efeito de ilustração):

Tabela 6.16 Efeito interação

Distribuição × *Bairro*

Bairro	Sexo	Status		
		Bons	Maus	Total
ABC	Masc.	3.800	200	4.000
ABC	Fem.	100	1.900	2.000
PQR	Masc.	300	2.600	2.900
PQR	Fem.	1.000	100	1.100
Total		5.200	4.800	10.000

Distribuição × *Bairro*

Bairro	Sexo	Status		
		Bons	Maus	Total
ABC	Masc.	95%	5%	100%
ABC	Fem.	5%	95%	100%
PQR	Masc.	10%	90%	100%
PQR	Fem.	91%	9%	100%
Total		52%	48%	100%

A nova variável (*Bairro + Sexo*) é fortemente discriminadora, como a simples análise visual pode mostrar. O valor de IV para esta nova variável é 4,58, ou seja, praticamente sozinha consegue discriminar bons e maus.

Em geral, os modelos de credit scoring encontrados no mercado não têm utilizado o efeito de interação de variáveis.

6.5 CORRELAÇÃO ENTRE VARIÁVEIS POTENCIAIS

No caso de variáveis altamente correlacionadas, podemos escolher uma entre elas ou apoiar-nos em uma análise fatorial. A necessidade de proceder dessa maneira não é para a redução de dimensionalidade. O problema principal é que a utilização de variáveis altamente correlacionadas introduz uma série de inconvenientes para análise dos pesos das variáveis, como veremos adiante.

7

Obtenção da fórmula preliminar

7.1 INTRODUÇÃO

Após concluir a análise bivariada e finalizar a transformação das variáveis, estamos prontos para iniciar o cálculo dos pesos. As fórmulas para cálculo dos escores são usualmente denominadas **modelos de credit scoring**.

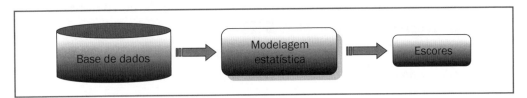

Figura 7.1 Roteiro para desenvolvimento de um credit scoring

Há várias maneiras de calcular a fórmula de escoragem. Neste livro vamos focar a regressão logística, que acreditamos ser a técnica mais utilizada atualmente. Os aspectos conceituais e operacionais da regressão logística são detalhados no Apêndice 1, no fim do livro.

7.2 CARACTERÍSTICAS DE UM MODELO DE CREDIT SCORING

Antes de passarmos ao cálculo da fórmula de credit scoring, vamos discutir algumas características que os modelos devem apresentar.

— os modelos devem ser resistentes. Isso significa que não devem perder a validade devido a pequenas oscilações do cenário socioeconômico ou das características do mercado a que se destinam. Todavia, os modelos devem ser sensíveis a mudanças significativas desse cenário. Um dos objetivos do monitoramento permanente do modelo, que veremos no Capítulo 11, é verificar a validade do modelo ao longo do tempo.

— os modelos devem ser defensáveis: como os modelos são utilizados para discriminar solicitantes, quer sejam pessoas físicas, quer jurídicas, não devem basear-se em variáveis que sejam proibidas por lei ou que firam valores éticos tanto da sociedade quanto da empresa credora. Esses requisitos também devem ser atendidos para o credenciamento ou validação dos modelos por agentes reguladores.

— os modelos devem respeitar a cultura do credor, tanto no que diz respeito às informações utilizadas quanto a restrições de concessão de crédito definidas por sua política de crédito.

— os modelos devem considerar diferentes tipos de informações para avaliar o risco de um cliente. Não é correto ou justo avaliar o risco de uma pessoa física considerando apenas a existência ou não de desabonos históricos. No caso de pessoas físicas, devemos considerar informações cadastrais, profissionais, de renda, desabonos, histórico de crédito etc. No caso de pessoas jurídicas, os modelos devem considerar informações dos documentos contábeis e financeiros recentes, dados cadastrais da empresa, dados dos sócios, dados do setor de atividade, do grupo econômico, desabonos da empresa e dos sócios etc.

— no desenvolvimento de um modelo, devemos considerar todas as informações disponíveis, ainda que não sejam tradicionalmente utilizadas pelos analistas de crédito. Nosso objetivo é otimizar a avaliação de risco ainda que utilizando variáveis que dificilmente serão aceitas pelos analistas tradicionais. Por exemplo, se dispuséssemos de uma variável indicando a revista preferida do cliente e essa variável se mostrasse relevante na discriminação de bons e maus clientes, não haveria por que não utilizá-la.

7.3 QUANTAS VARIÁVEIS DEVE TER UMA FÓRMULA DE ESCORAGEM?

Ao desenvolver um modelo de credit scoring, devemos considerar as diferentes famílias de variáveis indicadas no Capítulo 3. Nem todas as variáveis potenciais identificadas no início do projeto são necessárias para obter um modelo eficaz de credit

Obtenção da fórmula preliminar

scoring. Muitas variáveis, contrariando nossa expectativa inicial, não têm poder discriminador. Outras variáveis estão relacionadas entre si e, ao considerar algumas delas no modelo, a inclusão das demais não contribuirá significativamente para a melhoria do modelo (além de apresentar certos problemas técnicos).

Um modelo deve ter uma quantidade adequada de variáveis. A pergunta natural é qual deve ser esse número? Alguns autores dão noção dessa quantidade de variáveis: por exemplo, alguns sugerem de 8 a 20 variáveis, outros menos que 15. Insistimos no perigo de utilizar esses números mágicos. Cada caso deve ser analisado em particular e verificar o número de variáveis que conduz a um modelo satisfatório.[1]

Quando um modelo tem poucas variáveis, temos uma série de problemas. Primeiro, a diferenciação entre os clientes será menor, pois teremos poucas combinações distintas de categorias de variáveis. Por exemplo, se temos apenas três variáveis e cada uma tem quatro categorias, resultam apenas 64 tipos de perfil ($4 \times 4 \times 4$). A cada uma dessas combinações corresponderá, em geral, um número relativamente grande de clientes na amostra e, provavelmente, maior a heterogeneidade desse perfil no que diz respeito a risco; portanto, mais difícil a discriminação. Segundo, cada uma dessas poucas variáveis "pesará muito" no modelo. Uma mudança significativa no perfil do mercado poderá prejudicar ou mesmo invalidar a aplicação do modelo. Terceiro, havendo poucas combinações possíveis, maior será a facilidade dos usuários do modelo em identificar as combinações mais convenientes para aprovar o crédito e, eventualmente, utilizá-las de má-fé para "facilitar" a concessão do crédito. A única vantagem de trabalhar com poucas variáveis seria a de menor custo na aquisição das informações.

Modelos com muitas variáveis também apresentam prós e contras. Além de incorrer em maior custo para aquisição das informações, podem ser mais trabalhosos de monitorar após sua implantação. No entanto, com os softwares disponíveis atualmente, isso não chega a ser um problema sério. Entre as vantagens destacamos o fato de que a grande quantidade de diferentes perfis de clientes garante maior homogeneidade

---

[1]   O autor teve sérios problemas para que o cliente aceitasse um excelente modelo utilizando 29 variáveis, pois o diretor de crédito havia lido em algum lugar que o número máximo de variáveis deveria ser 20. Felizmente dispúnhamos de um banco de dados rico em informações, além das muitas e boas informações cedidas pela Serasa. A exclusão de algumas dessas 29 variáveis incorreria em uma perda significativa da qualidade do modelo.

de risco dentro de cada perfil e permite diferenciar melhor os diferentes clientes. Em caso de alterações significantes da distribuição de uma ou outra característica do mercado ao longo do tempo, como cada variável "pesa menos" no modelo como um todo, a função de escoragem será menos afetada. A identificação das combinações de características que conduzem a escores favoráveis também será dificultada.

Antes de terminar esta seção cabe uma recomendação: no desenvolvimento de um modelo não devemos limitar-nos ao conjunto de variáveis escolhido automaticamente pelo software. Deve-se experimentar a troca de uma ou mais variáveis dessa seleção estatística por outras, sugeridas pelos analistas de crédito ou pela análise exploratória das variáveis. Se isso não aumenta a eficácia da fórmula, pelo menos permite, às vezes, chegar a fórmulas de mesmo poder discriminador mais bem aceitas pelos gestores de crédito.

7.4 METODOLOGIAS PARA OBTENÇÃO DA FÓRMULA DE ESCORAGEM

Há várias técnicas para obter a fórmula ou a regra para discriminar solicitantes de crédito. Podemos agrupá-las como segue:

— Técnicas estatísticas:
  – Análise discriminante "clássica"
  – Regressão logística
  – *Automatic Interaction Detection* (AID)
— Técnicas de inteligência artificial:
  – Redes neurais
  – Algoritmos genéticos
— Técnicas de programação matemática (PL ou PNL)

Todas as técnicas apresentam vantagens e limitações. Muitos dos artigos publicados comparando as técnicas destacam inconscientemente(?) a importância da técnica que parece mais adequada aos seus autores. Uma comparação isenta pode ser encontrada em Barth (2004).

Neste livro, vamos nos concentrar nas técnicas estatísticas, em particular na regressão logística. São as técnicas mais utilizadas até o momento. Acreditamos que estas são as técnicas mais adequadas para visualizar o impacto de cada uma das diferentes variáveis envolvidas no cálculo do escore, e principalmente, para operacionalizar

Obtenção da fórmula preliminar

(implantar e administrar) um modelo de credit scoring. Esta característica é fundamental para a avaliação do modelo por analistas de crédito sem base estatística e, portanto, necessárias para a aceitação do modelo. Quando a aceitação por parte da área de crédito não ocorre, o destino certo do modelo, com raras exceções, é uma gaveta de "esquecidos".

Cabe ressaltar que, em geral, o poder discriminador de um modelo depende muito mais das variáveis consideradas e da forma de tratá-las que da metodologia utilizada para determinar a regra discriminante. Hand e Henley (1997) destacam: "... In our opinion, there is normally little to choose between the results of sensitive and sophisticated use of any of the methods...".

7.5 CÁLCULO DA FÓRMULA DE ESCORAGEM COM REGRESSÃO LOGÍSTICA

A regressão logística permite estimar a probabilidade de ocorrência de um evento a partir de um conjunto de informações que caracterizam esse evento. No problema de credit scoring, adotaremos como evento, arbitrariamente, ser "bom". As informações a partir das quais a probabilidade de ser bom é calculada são as variáveis potenciais previamente definidas. O leitor interessado encontrará um detalhamento da técnica no Apêndice 1 no fim do livro. Por ora, vamos sumarizar alguns aspectos:

— Um indivíduo k (k=1, 2, ..., n) da amostra será caracterizado por um conjunto de valores $P_k=(x_{1k}, x_{2k}, ... x_{pk})$ correspondentes às variáveis $X_1, X_2,... X_p$. Denominaremos P_k como perfil do indivíduo k (que pode ser uma pessoa física ou jurídica).

— A regressão logística estima a probabilidade de que um solicitante com determinado perfil P_k seja um cliente bom. Denotaremos essa probabilidade por P(bom | k).

— Para estimar P(bom | k) um software estatístico (SAS, SPSS, STATA ou outros) utiliza o valor de uma função linear:

$$Z = b_0 + b_1 \times x_1 + b_2 \times x_2 + ... + b_m \times x_m,$$

em que

Z será denominada função discriminante linear;[2]

$Z_k = b_0 + b_1 \times x_{1k} + b_2 \times x_{2k} + ... + b_m \times x_{mk}$ é o valor da função discriminante para o indivíduo k;

---

[2]   Na realidade, o valor de Z já poderia ser considerado o escore do indivíduo. Mas, por uma questão de conveniência, como veremos adiante, os valores de Z são re-escalonados convenientemente.

x_{1k}, x_{2k}, ..., x_{mk} são os valores das variáveis para o indivíduo (k);
b_0, b_1, ..., b_m são os pesos estimados pelo software.

— O número de variáveis na expressão acima, m, é menor ou igual ao número p de variáveis potenciais identificadas inicialmente. Além de calcular os pesos, o software estatístico seleciona, dentre as variáveis potenciais, um número reduzido de variáveis que permitem estimar P(bom | k) com eficiência; adicionar outras variáveis ao modelo não traria ganhos significativos na previsão de bons e maus.

— A probabilidade P(bom | k) é calculada (pelo software) utilizando a fórmula:

$$P(\text{bom}|k) = \frac{e^{Z_k}}{1 + e^{Z_k}} = \frac{1}{1 + e^{-Z_k}}$$

7.6 EXEMPLO

A título de ilustração, vamos calcular a expressão Z para o caso das Livrarias Dorela,[3] utilizando o software SPSS.[4] Inicialmente apresentaremos os resultados e depois os analisaremos. A saída do SPSS apresenta mais informações do que as que serão discutidas aqui. Vamos nos ater as que interessam diretamente ao objetivo específico de obter a função Z.

— O software inicialmente informa qual o "evento" considerado (*internal value = 1*). Ao definir a variável *Status* arbitramos o valor 1 para o bom e 0 para mau. Isto força o programa a considerar "evento" como bom. Consequentemente, a probabilidade estimada será a probabilidade de ser bom.

Tabela 7.1 Definição do evento

Original value	Internal value
Mau	0
Bom	1

— As variáveis selecionadas com a técnica *Forward Selection* após 8 passos são apresentadas na tabela seguinte, extraída do *output* do SPSS:

---

[3] Veja descrição dos dados do caso das Livrarias Dorela no Apêndice II no fim do livro.

[4] O autor agradece a FGV/EAESP por permitir a utilização do software para os exemplos deste livro.

Obtenção da fórmula preliminar

Tabela 7.2   Variáveis selecionadas – Modelo I

Modelo I	B	Wald	Exp(B)
BIDADE_1	0,361	6,563	1,435
BIDADE_3	0,420	10,269	1,522
BSTATE_RJ	0,761	35,678	2,140
BINST_PR_SEC	-0,767	41,092	0,464
BCARD	0,545	19,053	1,724
BRESTR	-1,770	169,333	0,170
BFIX	-0,983	47,557	0,374
BAUTAJ	-3,112	336,353	0,045
BCAT	2,518	211,662	12,404
Constant	1,925	97,793	6,857

Podemos escrever:

$$Z = 0,361 \times BIDADE\_1 + 0,42 \times BIDADE\_3 + 0,761 \times BSTATE\_RJ - 0,767 \times BINST\_PR\_SEC + 0,545 \times BCARD - 1,77 \times BRESTR - 0,983 \times BFIX - 3,112 \times BAUTAJ + 2,518 \times BCAT + 1,925$$

—   A ordem de entrada *(Forward Selection)* é apresentada a seguir:

Quadro 7.1   Ordem de entrada das variáveis

Variable(s) entered on step 1: BAUTAJ.
Variable(s) entered on step 2: BCAT.
Variable(s) entered on step 3: BRESTR.
Variable(s) entered on step 4: BINST_PR_SEC.
Variable(s) entered on step 5: BFIX.
Variable(s) entered on step 6: BSTATE_RJ.
Variable(s) entered on step 7: BIDADE_3.
Variable(s) entered on step 8: BCARD.
Variable(s) entered on step 9: BIDADE_1.

Notamos que as variáveis BIDADE_2, BIDADE_4, BRESID, BSTATE_SP, BFONE e BINST_SUP não foram selecionadas.

—   O programa calcula e salva as estimativas das probabilidades de cada indivíduo da amostra ser bom. Quando a probabilidade é maior ou igual que 0,5, o indivíduo é classificado como bom cliente (evento); caso contrário, é classificado como mau. A matriz de classificação fornecida pelo programa e repetida parcialmente a seguir baseia-se nessa regra de decisão (o ponto de corte 0,5 pode ser alterado pelo analista).

Tabela 7.3 Matriz de classificação – Modelo I

Observed	Predicted		Percentage correct
	Mau	Bom	
Mau	270	330	45,0
Bom	123	2.277	94,9
Overall percentage			84,9

7.7 ANÁLISE DA FÓRMULA DE ESCORAGEM

Vamos repetir a fórmula de Z:

$$Z = 0,361 \times BIDADE\_1 + 0,42 \times BIDADE\_3 + 0,761 \times BSTATE\_RJ - 0,767 \times BINST\_PR\_SEC$$
$$+ 0,545 \times BCARD - 1,77 \times BRESTR - 0,983 \times BFIX - 3,112 \times BAUTAJ + 2,518 \times BCAT + 1,925$$

Inicialmente, vamos analisar se os sinais dos coeficientes são ou não contrários à lógica.

Estamos estimando a probabilidade de ser bom. Quanto maior for o valor de Z maior será essa probabilidade. Portanto, se ao valor 1 de uma variável binária corresponder a uma porcentagem maior de bons clientes, espera-se que o sinal dessa variável seja positivo. Caso contrário, seu sinal deverá ser negativo.

Por exemplo, considere a variável *Restrição* que deu origem à binária BRESTR. A distribuição de frequências é dada por:

Tabela 7.4 Distribuição de *BRESTR*

BRESTR	Bom	Mau	Total
0	84,93%	15,07%	100,00%
1	51,14%	48,86%	100,00%
Total	80,00%	20,00%	100,00%

Como a porcentagem de bom para BRESTR = 1 é 51,14%, inferior à porcentagem de bom para BRESTR = 0, faz sentido esperar que seu sinal seja negativo. De

Obtenção da fórmula preliminar

fato, o coeficiente da variável no modelo é –1,770. É intuitivo perceber que quem tem restrição no passado terá menor probabilidade de ser bom cliente no futuro.

Outrossim, consideremos a variável BSTATE_RJ. Temos a distribuição:

Tabela 7.5 Distribuição de BSTATE_RJ

BSTATE_RJ	Bom	Mau	Total
0	75,08%	24,92%	100,00%
1	88,33%	11,67%	100,00%
Total	80,00%	20,00%	100,00%

Como a porcentagem de bons para BSTATE_RJ = 1 é 88,33%, superior à de BSTATE_RJ = 0 (75,08%), faz sentido esperar que seu sinal seja positivo. Isso fica confirmado, pois o coeficiente dessa variável binária é 0,761.

Analisando os sinais de todas as variáveis da equação percebemos uma inconsistência. O sinal de BFIX deveria ser positivo, pois P(bom | BFIX = 1) > P(bom | BFIX = 0) e, no entanto, seu valor é negativo.

Tabela 7.6 Distribuição de BFIX

BFIX	Bom	Mau	Total
0	73,66%	26,34%	100,00%
1	83,38%	16,62%	100,00%
Total	80,00%	20,00%	100,00%

A primeira suspeita é que esta variável esteja relacionada com uma das outras variáveis que descrevem o tipo de bem adquirido. De fato, notamos que:

Tabela 7.7 BFIX × BAUTAJ

		BFIX		Total
		0	1	
BAUTAJ	0	27,08%	72,92%	100,0%
	1	47,41%	52,59%	100,0%
Total		34,8%	65,2%	

e

Tabela 7.8 BFIX × BCAT

		BFIX		Total
		0	1	
BCAT	0	54,8%	45,2%	100,0%
	1	16,3%	83,7%	100,0%
Total		34,8%	65,2%	100,0%

Em ambos os casos, o teste χ^2 mostra que existem evidências de relação entre as variáveis BFIX e BCAT, e entre as variáveis BFIX e BAUTAJ. Podemos observar, por exemplo, que as distribuições de BFIX para BCAT = 0 (54,8% e 45,2%) e BCAT = 1 (16,3% e 83,7%) diferem significativamente. Se não houvesse relação entre essas variáveis, tais distribuições seriam muito parecidas entre si e próximas da distribuição de BFIX na amostra como um todo (34,8% e 65,2%). O mesmo ocorre com as distribuições de BFIX para os dois valores de BAUTAJ.

Para efeito de comparação verifiquemos o que ocorre quando não existe evidência dessa relação entre as variáveis. Por exemplo, cruzando BFIX com BCARD a Tabela 7.9 resultante é

Tabela 7.9 BFIX × BCAT

		BFIX		Total
		0	1	
BCARD	0	36,9%	63,1%	100,0%
	1	34,1%	65,9%	100,0%
Total		34,8%	65,2%	100,0%

Percebemos que as porcentagens de bons e maus clientes para qualquer das duas categorias de BCARD são aproximadamente iguais a 34,8%. O teste χ^2 não apresenta evidências significantes de relação entre as variáveis. O mesmo ocorre com as demais variáveis quando cruzadas com BFIX.

Voltemos ao problema original. Vamos então verificar o que ocorre se removermos BFIX do conjunto de variáveis que será processado pelo software tendo em vista que BANT e BCAT foram mantidas.

Obtenção da fórmula preliminar

Tabela 7.10 Variáveis selecionadas – Modelo II

Modelo II	B	Wald	Exp(B)
BIDADE_1	0,386	7,580	1,471
BIDADE_3	0,403	9,464	1,497
BSTATE_RJ	0,764	36,681	2,147
BRESID	0,276	3,205	1,318
BINST_PR_SEC	−0,777	42,933	0,460
BCARD	0,522	17,968	1,685
BRESTR	−1,740	168,150	0,175
BAUTAJ	−2,570	326,045	0,077
BCAT	1,890	180,337	6,619
Constant	1,073	24,231	2,925

A tabela de classificação resultante é:

Tabela 7.11 Matriz de classificação – Modelo II

Observed	Predicted		Percentage Correct
	Mau	Bom	
Mau	260	340	43,3
Bom	117	2.283	95,1
Overall percentage			84,8

Nesse caso todos os sinais estão de acordo com o esperado. As taxas de classificação corretas praticamente não se alteraram. Podemos continuar com nossa análise.

$$Z = 0{,}386 \times BIDADE\_1 + 0{,}403 \times BIDADE\_3 + 0{,}764 \times BSTATE\_RJ + 0{,}276 \times BRESID - 0{,}777 \times BINST\_PR\_SEC + 0{,}522 \times BCARD - 1{,}740 \times BRESTR - 2{,}570 \times BAUTAJ + 1{,}890 \times BCAT + 1{,}073$$

A tabela de classificação mostra que 84,8% dos indivíduos da amostra seriam corretamente classificados com este modelo. Perdemos 117 bons clientes que foram classificados como maus (4,9% dos bons clientes) e apenas 43% dos maus clientes foram classificados corretamente. A perda de aproximadamente 5% de bons clientes pode representar um sério problema. Mudando o valor de corte podemos alterar essas porcentagens, como será discutido adiante.

A tendência atual não é utilizar o modelo de escoragem como um ponto de corte, como regra do tipo passa/não passa. Prefere-se classificar os indivíduos em classes de escores e adotar diferentes políticas de crédito em função da inadimplência e rentabilidade em cada classe. Em vista disto, a taxa de acerto do modelo não é geralmente utilizada para avaliar a eficácia do modelo.

O P-value do teste de Hosmer Lemeshow, dado na saida do SPSS, é igual a 0,433%. Aceitamos a hipótese de que o modelo se ajusta bem aos dados. Outros testes também podem ser utilizados para esse fim. O leitor interessado poderá consultar referências de análise multivariada como Sharma (1996).

Mesmo que o ajuste do modelo logístico não seja satisfatório, a expressão linear (Z) ainda pode ter excelente poder discriminador. Apenas não devemos utilizar esses valores para estimar P(bom). Podemos estimar essas probabilidades considerando a porcentagem de bons que caem em cada classe de escores.

7.8 IMPACTO DE UMA VARIÁVEL SOBRE P(BOM)

Consideremos dois indivíduos que diferem, no que diz respeito às variáveis incluídas no modelo, apenas pelo fato de um deles ter restrição (BRESTR = 1) e o outro não (BRESTR = 0). O valor de Z, no Modelo II, diferirá de 1,740, sendo maior para quem não tem restrição.

$$Z(com) = Z(sem) - 1,740$$

Consideremos a razão de chances (*odds*) para cada caso:

$$odds(com) = \frac{P(bom \mid com)}{P(mau \mid com)} = e^{Z(com)} = e^{Z(sem)} \times e^{-1,740} = 0,175 \times e^{Z(sem)} = 0,175 \times odds(sem)$$

Isso significa que a razão de chances de ser bom pagador [*odds*(com)] para quem tem restrição é 0,175 vezes a razão de chances de quem não possui restrição, portanto, bem menor. Por exemplo, admitamos que a probabilidade de um indivíduo sem restrição ser bom cliente é 0,8. Sua razão de chances de ser bom será igual a 4 (0,8/0,2). Se outro indivíduo, com restrição, tiver os mesmos valores para as demais variáveis do modelo, sua razão de chances será 0,175 × 4 = 0,700 e, portanto, a probabilidade de ser bom cliente cairá pela metade (para 0,40 aproximadamente)! O valor (0,175) é fornecido na coluna EXP(B) na tabela dos pesos apresentada anteriormente. Note que o impacto na probabilidade P(bom) depende do valor dessa probabilidade, ou seja, o impacto de **ter restrição** na probabilidade de ser bom não é linear.

Obtenção da fórmula preliminar

A variável que causa maior impacto na alteração da razão de chances é BAUTAJ. EXP(BAUTAJ) é igual a 0,077. Observamos que a razão de chances para quem compra livros de autoajuda (BCAT = 1), mantidos os valores das demais variáveis, será 0,077 vezes a razão de chances para quem não compra livros de autoajuda (BCAT = 0). $Odds$(compra) = 0,077 $Odds$(não compra). Se um indivíduo que não compra livros de autoajuda tem probabilidade 0,80 de ser bom cliente, essa probabilidade para um indivíduo com as mesmas características, exceto que compra livros de autoajuda, será igual a 0,24!

7.9 CONCLUSÃO

A fórmula de cálculo de Z foi obtida, analisada e corrigida posteriormente. Nossos próximos passos são a análise mais profunda do modelo de escoragem, ajustes do modelo para incluir clientes cujos créditos foram recusados e, se necessário, correção da constante em função das probabilidades a priori.

8

Análise e validação da fórmula de escoragem

8.1 INTRODUÇÃO

A validação final do modelo de credit scoring consiste de duas atividades básicas:

— avaliação da fórmula por analistas de crédito;

— avaliação baseada em critérios estatísticos.

Os analistas estatísticos e outros técnicos envolvidos no desenvolvimento do modelo precisam convencer-se de que o modelo precisa ser "bem vendido". Dificilmente os responsáveis pela área de crédito implantarão um modelo no qual não confiem ou que, simplesmente, não entendam. A não avaliação por parte de analistas de crédito será certamente uma barreira na aceitação e implantação do modelo.

8.2 AVALIAÇÃO POR ANALISTAS DE CRÉDITO

As variáveis incluídas na fórmula e seus respectivos pesos devem ser avaliadas por analistas de crédito experientes com o auxílio de um estatístico. Algumas variáveis podem ter peso com sinal contrário à lógica contábil ou à experiência do analista. Outras variáveis consideradas importantes não entram na fórmula ou entram com peso "inferior" ao de outras variáveis consideradas menos importantes.

Quando uma variável tem sinal contrário à lógica dos analistas de crédito, deve-se rever a análise univariada da variável, a análise bivariada, as transformações efetuadas etc., para investigar o porquê dessa inconsistência com a lógica financeira e corrigi-la, se for o caso. Pode ser, por exemplo, um caso de multicolinearidade (a variável está correlacionada com uma combinação de outras variáveis presentes na fórmula). Eventualmente pode ocorrer que os analistas de crédito estejam equivocados (o que, em geral, é pouco provável).

A não inclusão na fórmula de variáveis potenciais sugeridas pelos próprios analistas de crédito, nas etapas iniciais do desenvolvimento do modelo, provoca um certo desconforto entre eles. Este ponto é importante e merece ser discutido para que todos entendam e aceitem o funcionamento da fórmula: O fato de que uma variável, considerada importante pelos analistas de crédito, não esteja na fórmula final não significa necessariamente que ela não era importante ou deixou de sê-lo. Pode ser que as outras variáveis incluídas na fórmula contêm direta ou indiretamente a informação que seria dada por essa variável; incluí-la na fórmula não aumentaria o poder de discriminar bons e maus clientes do modelo já determinado.

É fundamental que antes de proceder a esta análise da fórmula, os analistas de crédito recebam um treinamento, ainda que breve, sobre o conceito de credit scoring, enfatizando sua relação direta com a probabilidade de ser bom ou mau cliente. Desta forma, sua contribuição ao analisar o modelo será mais objetiva e mais rica.

8.3 ANÁLISE ESTATÍSTICA

A análise estatística do modelo contempla o uso de indicadores de performance. A análise não deverá basear-se em um único indicador de desempenho. São várias análises, como iremos mostrar a seguir, e a avaliação conjunta dos resultados irá definir a aceitação ou não do modelo. Esta avaliação final requer conhecimentos estatísticos e experiência no desenvolvimento de modelos.

8.4 AMOSTRAS DE DESENVOLVIMENTO E DE TESTE

Ao desenvolver uma fórmula de escoragem, é necessário avaliar seu poder de discriminar bons e maus clientes. Quando o teste é realizado com a própria amostra de desenvolvimento, os resultados tendem a ser mais otimistas se comparados à aplicação da fórmula à população como um todo. Além do mais, para pequenas amostras, pode ocorrer um fenômeno que denominamos *overfit*. A fórmula só funciona muito bem quando aplicada à amostra de desenvolvimento e não apresenta bons resultados quando aplicada a outros casos. Isto porque a estimação dos parâmetros é influenciada

Análise e validação da fórmula de escoragem

97

por casos ou comportamentos muito específicos da amostra considerada. Para amostras muito grandes, a possibilidade de ocorrência de *overfit* é desprezível.

Para evitar vieses otimistas, costuma-se testar a fórmula com outras amostras. Em geral, o procedimento é o seguinte: após selecionar a amostra dividimo-la em duas partes. Uma parte denominada **amostra de desenvolvimento** e a outra denominada **amostra teste**. Se a amostra inicial for muito grande, a divisão pode ser meio a meio. Caso contrário, podemos selecionar uma amostra maior para desenvolvimento e a outra menor para teste. Por exemplo, nas proporções de 70% e 30%, respectivamente. O importante é garantir que a quantidade de maus nas duas amostras seja suficientemente grande para que os resultados sejam confiáveis. Apesar de não gostarmos de fixar valores, podemos sugerir um mínimo de 1.000 clientes maus como suficiente.

Quando a amostra não é muito grande, sua divisão em duas partes de tamanhos satisfatórios não é viável. Há duas alternativas se desejamos estimar a taxa de erro de classificação. Um método é o **teste por exclusão** desenvolvido por Lachenbruch (1968). Deixa-se de lado um dos indivíduos da amostra de desenvolvimento. Calcula-se a função discriminante com os elementos restantes. Classifica-se, com essa função, o indivíduo que foi excluído, registrando se a classificação foi ou não correta. Repete-se esse procedimento para cada indivíduo da amostra. A estimativa da taxa de erro será igual ao número total de indivíduos mal classificados dividido pelo tamanho da amostra. Esse procedimento já está disponível em vários softwares estatísticos. Esse método dá uma estimativa praticamente não viesada da taxa de erro (Sharma, 1996).

Um método alternativo é utilizar a técnica de *bootstrap* (Efron, 1987). Uma amostra é selecionada dentre os indivíduos que compõem a amostra original. Esse procedimento é repetido um número muito grande de vezes. Para cada amostra assim obtida, calcula-se a função discriminante e calcula-se a taxa de erro. A estimativa da taxa de erro pode ser a média das taxas de erros das diferentes amostras selecionadas. Os métodos *bootstrap* consumiam muito tempo de processamento a alto custo, motivo pelo qual não eram muito utilizados em análise discriminante. Hoje, com o advento de poderosos recursos computacionais, isso não é mais problema e esses métodos vêm mais e mais sendo utilizados.

Um hábito comum, não recomendável, consiste em avaliar o desempenho do sistema aplicando-o apenas a alguns poucos casos especiais ("deixa-ver-se-o-credit-scoring-funciona"). O fato de o sistema não funcionar nesses casos não o comprome-

98 Credit Scoring

te. Primeiro, porque o sistema foi desenvolvido para avaliar uma massa de propostas e não casos isolados. Segundo, porque, como o próprio nome já o diz, são casos atípicos que, em geral, também não foram detectados anteriormente pelos analistas mais experientes. Finalmente, porque estimativas de taxas de acerto ou erro do sistema baseadas em uma amostra não aleatória e com poucos casos não têm confiabilidade estatística.

Ao testar um modelo também é importante avaliar sua eficácia para amostras do mercado em períodos distintos dos utilizados para o desenvolvimento. Por exemplo, se o modelo foi desenvolvido com base em créditos concedidos em 2004, é interessante testá-lo com créditos concedidos em 2005. Isso nem sempre é viável, pois, ao selecionar a safra para desenvolvimento, procuramos trabalhar com os dados mais recentes de que dispomos. A Tabela 8.1, adaptada de Sobehart, Keenan e Stein (2000), mostra as possíveis combinações para validação do modelo.

Tabela 8.1 Combinações para avaliação de modelos

Amostra	Safra	
	Mesma que o desenvolvimento	Posterior ao desenvolvimento
Desenvolvimento	A	
Teste	B	C

Em geral, a avaliação é feita considerando-se a combinação B. O ideal seria realizar a validação considerando B e C, ou somente C.

8.5 RE-ESCALONAMENTO DOS ESCORES

No capítulo anterior, obtivemos a seguinte fórmula de escoragem:

$Z = 0,386 \times BIDADE\_1 + 0,403 \times BIDADE\_3 + 0,764 \times BSTATE\_RJ + 0,276 \times BRESID - 0,777 \times BINST\_PR\_SEC + 0,522 \times BCARD - 1,740 \times BRESTR - 2,570 \times BAUTAJ + 1,890 \times BCAT + 1,073$

Como as variáveis assumem apenas os valores 0 e 1, o valor de Z apresentará variação entre $-4,014$ e $5,314$. Trabalhar com valores de escores assim calculados é inconveniente por não serem valores inteiros. Vamos então transformar esses valores linearmente em uma nova escala, por exemplo, em números inteiros variando de 0 a 1.000. Vamos denotar o escore assim obtido por **SCR**. Após obter os escores re-escalonados, construiremos classes de frequências para avaliar o modelo.

Análise e validação da fórmula de escoragem   **99**

Quando o valor de Z é igual a 6,0, a probabilidade de um indivíduo ser bom é igual a 0,9975. Quando o valor de Z é igual a –6,0, a probabilidade de um indivíduo ser bom é igual a 0,0025. Vamos determinar o escore (SCR) utilizando a fórmula a seguir, arredondando os valores para o inteiro mais próximo:

$$SCR = ROUND\left[1.000 \times \frac{Z+6}{12}\right]$$

$$SCR \geq 1.000 \Rightarrow SCR = 1.000$$

$$SCR \leq 0 \Rightarrow SCR = 0$$

Outras formas poderiam ser utilizadas, mas esta nos parece bastante simples e lógica.

Note que:

— esta transformação preserva a ordem dos Z: se um indivíduo tem um valor de Z maior que outro, seu SCR também será maior;

— valores altos de SCR correspondem a valores altos de Z e, portanto, a valores altos da probabilidade de ser bom.[1] Se o escore de um indivíduo é muito próximo de 1.000, ele será praticamente isento de risco, pois P(bom) ~ 1,0; de forma simétrica, a valores baixos de SCR correspondem valores baixos da probabilidade de ser bom. Essa correspondência entre escore e probabilidade é extremamente útil para orientação dos analistas de crédito;

— adotando essa transformação para todos os modelos de credit scoring é possível compará-los.

Devemos tomar cuidado para um tipo de transformação comumente utilizado e que costumamos denominar "agrada credor", pois dá a impressão ao credor de que seu portfólio é melhor do que realmente o é. A transformação é tal que SCR = 0 corresponde ao menor valor calculado de Z (em nosso exemplo, –4,014) e SCR = 1.000 ao maior valor calculado de Z (em nosso exemplo, 5,314). Essa transformação tem dois inconvenientes. Como ela depende da fórmula de cálculo dos escores, não permite que comparemos modelos de escoragem distintos. O mesmo valor de SCR corresponderá a valores distintos de Z, calculados com os diferentes modelos; portanto, ao

---

[1] A probabilidade é uma função monotônica do valor de Z (vide Apêndice 1).

mesmo SCR correspondem, nos diferentes modelos de escoragem, diferentes probabilidades de ser bom. Além disto, considerando o maior valor calculado de Z como SCR = 1.000, sempre teremos valores de SCR próximos a 1.000, dando a falsa impressão ao credor de ter muitos clientes de "baixo risco", quando na realidade isso não ocorre. Por exemplo, se o maior valor possível de Z for 3,0, o escore 1.000 corresponderá a esse valor de Z e consequentemente a P(bom SCR = 1.000) = 0,95, o que em termos de crédito não é baixo risco (representa 5% de inadimplência, longe, portanto, de ser baixo risco). Com a transformação que propomos acima, o escore de um indivíduo com Z = 3 será igual a 750, valor que não dá a falsa impressão de "baixo risco"!

8.6 CLASSES DE RISCO PARA ANÁLISE DO MODELO

Para analisar um modelo é conveniente agrupar os indivíduos da amostra-teste em classes de risco de aproximadamente mesma frequência.[2] Para amostras de 2.000 a 5.000 indivíduos, podemos trabalhar 6 a 10 classes de modo a ter pelo menos cerca de 300 indivíduos em cada classe. Para amostras maiores, podemos trabalhar com 10 a 20 classes.

8.6.1 Distribuições coluna

Na Tabela 8.2, apresentamos um exemplo para o caso da Empresa Arroba.[3] Os escores foram obtidos a partir de uma amostra aleatória simples de 60.000 casos, sendo 15% maus de acordo com a definição do credor. Os clientes da amostra de validação foram escorados e divididos em 20 classes de risco com frequências aproximadamente iguais a 5%. A Figura 8.1 é a representação gráfica dessa tabela. Note que as porcentagens revelam as distribuições das classes de risco dentro de cada tipo de cliente. Denominaremos essas distribuições de **distribuições coluna**.

As classes na Tabela 8. 2 não são de mesma amplitude. As classes extremas são as mais largas. O diagrama de barras da Figura 8.1 pode auxiliar a comparar as distribuições de bons e maus. Fica muito claro que, à medida que os escores aumentam, as frequências de bons aumentam e as de maus decrescem. Isso é um sinal de que o modelo apresenta resultados coerentes.

---

[2] O mesmo não é verdade para o uso do modelo em classificação de riscos, como discutiremos adiante.

[3] Nome fictício.

Análise e validação da fórmula de escoragem

Tabela 8.2 Distribuições (coluna) das classes de risco – Empresa Arroba

SCR	Status Maus	Status Bons	Total
000-352	9,4%	1,5%	5,0%
353-390	8,7%	2,1%	5,1%
391-415	7,8%	2,5%	4,9%
416-436	7,7%	3,2%	5,2%
437-453	7,0%	3,2%	4,9%
454-469	6,9%	3,4%	5,0%
470-484	6,6%	3,9%	5,1%
485-498	5,8%	4,2%	4,9%
499-512	5,9%	4,6%	5,2%
513-525	5,2%	4,6%	4,9%
526-538	4,6%	5,0%	4,8%
539-552	4,4%	5,7%	5,1%
553-566	3,9%	5,7%	4,9%
567-582	3,8%	6,4%	5,3%
583-598	3,2%	6,3%	4,9%
599-615	2,8%	6,6%	4,9%
616-637	2,3%	7,4%	5,1%
638-663	1,9%	7,3%	4,9%
664-703	1,4%	7,8%	4,9%
704-1.000	0,8%	8,4%	5,0%
Total	100,0%	100,0%	100,0%

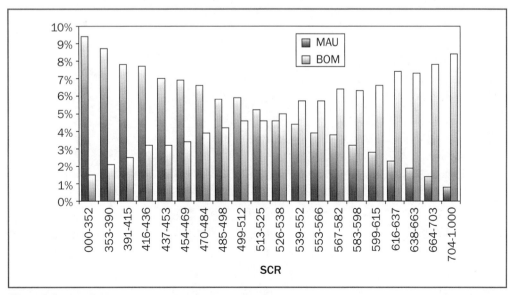

Figura 8.1 Distribuições (coluna) das classes de risco – Empresa Arroba

8.6.2 Distribuições linha

Outra análise, mais interessante para avaliar a qualidade do modelo, é verificar a variação da porcentagem de maus dentro de cada classe de escores (Tabela 8.3). Vamos denominar as distribuições de bons e maus dentro de uma classe de SCR de **distribuições linha**. Alguns analistas denominam a porcentagem de maus dentro de cada classe como **taxa de sinistro** da classe. À medida que cresce o escore, a porcentagem de maus dentro de cada classe é cada vez menor. A análise gráfica (Figura 8.2) evidencia esse comportamento coerente de forma mais clara. Além das frequências, apresentamos também a relação B/M que corresponde ao quociente da porcentagem de bons dividida pela porcentagem de maus. Novamente o resultado mostra a coerência do modelo. Atualmente, no portfólio do cliente, a relação B/M é igual a 5,7. Com a aplicação do modelo e corte de clientes com escores muito baixos, a relação crescerá significativamente.

Tabela 8.3 Distribuições de clientes em cada classe de risco – Empresa Arroba

SCR	Status		B/M	Total
	Maus	Bons		
000-352	52,5%	47,5%	0,9	100,0%
353-390	42,2%	57,8%	1,4	100,0%
391-415	35,5%	64,5%	1,8	100,0%
416-436	29,8%	70,2%	2,4	100,0%
437-453	27,9%	72,1%	2,6	100,0%
454-469	26,4%	73,6%	2,8	100,0%
470-484	23,0%	77,0%	3,3	100,0%
485-498	19,6%	80,4%	4,1	100,0%
499-512	18,5%	81,5%	4,4	100,0%
513-525	16,6%	83,4%	5,0	100,0%
526-538	14,0%	86,0%	6,2	100,0%
539-552	12,0%	88,0%	7,3	100,0%
553-566	10,8%	89,2%	8,3	100,0%
567-582	9,5%	90,5%	9,5	100,0%
583-598	8,2%	91,8%	11,2	100,0%
599-615	7,0%	93,0%	13,4	100,0%
616-637	5,2%	94,8%	18,2	100,0%
638-663	4,4%	95,6%	21,8	100,0%
664-703	3,1%	96,9%	31,6	100,0%
704-1.000	1,7%	98,3%	59,5	100,0%
Total	15,0%	85,0%	5,7 (atual)	100,0%

Análise e validação da fórmula de escoragem

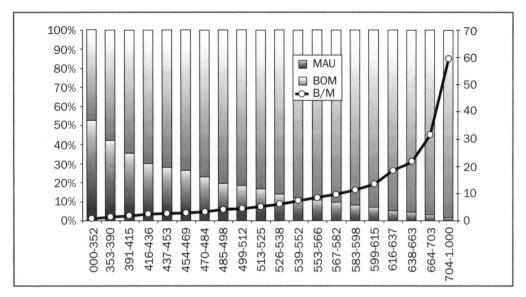

Figura 8.2 Distribuições de clientes em cada classe de risco – Empresa Arroba

Para o modelo obtido para as Livrarias Dorela, como temos 3.000 casos na amostra, dentre os quais apenas 600 são maus clientes, as análises serão feitas com a própria amostra de desenvolvimento. Vamos considerar 10 classes de 10% aproximadamente. A Tabela 8.4 mostra as porcentagens de bons e maus por colunas (dentro de bons e maus) e por linhas (dentro de cada classe de SCR), bem como as relações B/M.

Note que a amplitude das classes não é igual. A primeira classe, com os escores mais baixos, é a mais larga. É interessante comparar as distribuições coluna das classes de risco para os bons e maus graficamente (Figura 8.3).

A frequência de maus decresce rapidamente à medida que cresce o escore. A frequência dos bons nas classes mais altas se mantém praticamente estável. A relação entre bons e maus dentro de cada classe aumenta à medida que cresce o escore. Essa relação atinge altos valores para as duas classes com menor risco (maiores escores).

Tabela 8.4 Distribuições das classes de risco – Livrarias Dorela

	Distribuição coluna			Distribuição linha			
SCR	Maus	Bons	Total	Maus	Bons	Total	B/M
000-473	37,0%	3,5%	10,2%	72,3%	27,7%	100,0%	0,4
474-557	21,8%	6,8%	9,8%	44,4%	55,6%	100,0%	1,3
558-608	14,3%	9,1%	10,1%	28,3%	71,7%	100,0%	2,5
609-645	8,3%	10,9%	10,4%	16,1%	83,9%	100,0%	5,2

(continua)

(continuação)

SCR	Distribuição coluna			Distribuição linha			B/M
	Maus	Bons	Total	Maus	Bons	Total	
646-665	7,5%	10,1%	9,6%	15,6%	84,4%	100,0%	5,4
666-695	4,0%	12,2%	10,6%	7,6%	92,4%	100,0%	12,2
696-729	3,0%	11,5%	9,8%	6,1%	93,9%	100,0%	15,3
730-785	2,8%	12,6%	10,6%	5,3%	94,7%	100,0%	17,8
786-846	1,0%	11,7%	9,6%	2,1%	97,9%	100,0%	46,8
847-1.000	0,2%	11,5%	9,3%	0,4%	99,6%	100,0%	277,0
Total	100,0%	100,0%	100,0%	20,0%	80,0%	100,0%	4,0 (atual)

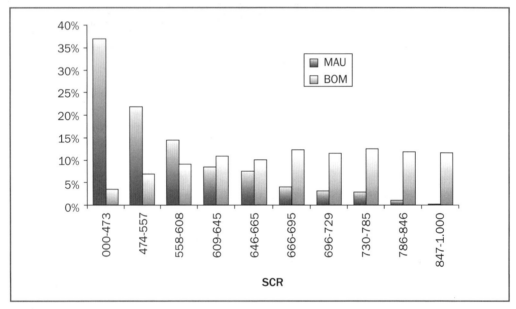

Figura 8.3 Distribuições (coluna) das classes de risco – Livrarias Dorela

8.7 INDICADORES DE PODER DISCRIMINADOR

O uso de medidas estatísticas para avaliar e, principalmente, para comparar o poder discriminador de modelos de discriminação é prática comum entre os analistas de credit scoring. A ideia de utilizar essas medidas está tão enraizada entre os analistas que praticamente se transformaram no critério de aceitação de um modelo de escoragem. Isto é um sério problema, pois, apesar da importância destes indicadores, eles estão longe de ser a única forma adequada de analisar, comparar e selecionar modelos.

Análise e validação da fórmula de escoragem

No Brasil, a medida provavelmente mais utilizada é o KS (distância de Kolmogorov-Smirnov). Como demonstrado em Tomazzela, Laredo e Lima (2008), a medida AUROC (ou simplesmente ROC) é mais eficiente que o KS. O uso do KS deve-se à facilidade de cálculo (viável com planilhas eletrônicas) e à facilidade de interpretação por parte de analistas de crédito. As demais medidas, além de exigirem cálculos mais complexos, não são de fácil interpretação.

Destacamos os seguintes indicadores:

— Taxa de erro de classificação (*misclassification rate*) – já vista anteriormente;

— KS – Índice de Kolmogorov-Smirnov;

— AUROC (ROC) – *Area Under Receiver Operation Curve*;

— Coeficiente de Gini;

— CAP – Perfil de Eficiência Acumulada (Curva de Lorenz);

— D de Sommers.

Além dessas, a literatura apresenta outras medidas interessantes (Engelman, 2006; Thomas, Edelman e Crook; 2002, Siddiqi 2006; Sobehart, Keenan e Stein, 2000).

8.7.1 KS – Índice de Kolmogorov-Smirnov

Uma medida popular entre os analistas de risco de crédito para avaliar o desempenho de modelos de credit scoring é a estatística KS de Kolmogorov-Smirnov. Essa medida é a maior distância entre as funções de distribuição acumulada dos escores dos bons e a dos maus, $F_b(k)$ e $F_m(k)$, respectivamente.

$$F_b(k) = \frac{\text{número de bons com SCR} \leq k}{\text{número de bons}}$$

$$F_m(k) = \frac{\text{número de maus com SCR} \leq k}{\text{número de maus}}$$

em que k varre o conjunto de possíveis valores do escore. Calculam-se os valores dessas funções para k variando entre 0 e 1.000 (ou diretamente para os valores de Z). Depois calcula-se a maior diferença entre as duas funções.

$$KS = máx \left[F_m(k) - F_b(k) \right] \text{ ou } KS\% = máx \left[F_m(k) - F_b(k) \right] \times 100\%$$

Em geral, essa medida é expressa em porcentagem. A Tabela 8.5 ilustra o cálculo do KS para o modelo da Empresa Arroba considerando apenas alguns valores de k. Mais especificamente, fizemos o cálculo a partir dos limites superiores das classes de risco com o único intuito de facilitar a apresentação. Obtivemos KS = 37,8%. Tratando-se de um modelo de *application scoring*, esse valor de KS é considerado satisfatório. As distribuições estão representadas na Figura 8.4.

Tabela 8.5 Cálculo do KS – Empresa Arroba

SCR	k	% maus acumulados	% bons acumulados	KS
	0	0,0%	0,0%	0,0%
000-352	352	9,4%	1,5%	7,9%
353-390	390	18,1%	3,6%	14,5%
391-415	415	25,9%	6,1%	19,8%
416-436	436	33,6%	9,3%	24,3%
437-453	453	40,6%	12,5%	28,1%
454-469	469	47,5%	15,9%	31,6%
470-484	484	54,1%	19,8%	34,3%
485-498	498	59,9%	24,0%	35,9%
499-512	512	65,8%	28,6%	37,2%
513-525	525	71,0%	33,2%	**37,8%**
526-538	538	75,6%	38,2%	37,4%
539-552	552	80,0%	43,9%	36,1%
553-566	566	83,9%	49,6%	34,3%
567-582	582	87,7%	56,0%	31,7%
583-598	598	90,9%	62,3%	28,6%
599-615	615	93,7%	68,9%	24,8%
616-637	637	96,0%	76,3%	19,7%
638-663	663	97,9%	83,6%	14,3%
664-703	703	99,3%	91,4%	7,9%
704-1.000	1.000	100,0%	100,0%	0,0%

Análise e validação da fórmula de escoragem

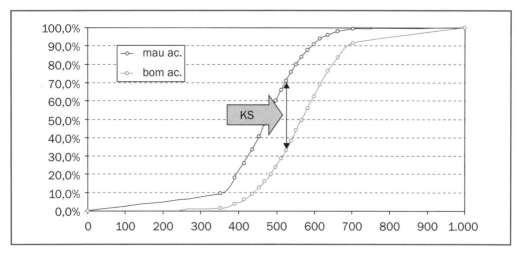

Figura 8.4 Distribuições para cálculo do KS – Empresa Arroba

Os analistas que desenvolvem modelos de CS costumam basear-se em alguns valores críticos, de origem desconhecida pelo autor, para avaliar a eficácia dos modelos de credit scoring. Esses valores referenciais variam de analista para analista. Valores de KS superiores a 75% são raros. Quando ocorrem, os analistas revisam o modelo em busca de redundâncias ou erros de análise que possam gerar esse KS ("quando a esmola é grande, o santo desconfia..."). No exemplo da Empresa Arroba, tratando-se de um application scoring, o valor 37,7% está próximo ao excelente. A Tabela 8.6 apresenta um resumo das avaliações do KS baseadas em opiniões de vários analistas. É apresentada em Duarte Jr. e Lecumberi (2003) tabela com classificação um pouco distinta.

Tabela 8.6 Valores referenciais para KS

Valor de KS	Credit scoring	Behavioral scoring
KS < 20%	Baixo	Baixo
20% < KS ≤ 30%	Baixo/aceitável	Baixo
30% < KS ≤ 40%	Bom	Baixo
40% < KS ≤ 50%	Muito bom	Aceitável
50% < KS ≤ 60%	Excelente	Bom
60% < KS ≤ 70%	Valores pouco usuais	Muito bom
KS >70%		Excelente valores pouco usuais

8.7.2 AUROC – *Area Under Receiver Operating Characteristic*

A curva ROC (*Receiver Operating Characteristic*) baseia-se em duas definições: sensitividade e especificidade. A sensitividade pode ser entendida como a capacidade de identificar os maus clientes; a especificidade pode ser entendida como a capacidade de identificar os bons clientes.

A **sensitividade**, para um dado escore k, é medida pela proporção de maus classificados corretamente, ou seja, a proporção de maus cujo escore é inferior a k. É a área sob a curva dos maus clientes à esquerda do ponto k (Figura 8.5).

A **especificidade**, para um dado escore k, é medida pela proporção de bons classificados corretamente, ou seja, a proporção de bons cujo escore é maior ou igual a k. O valor (1-especificidade) representa os **falsos alarmes**, ou seja, os bons classificados como maus. A porcentagem de falsos alarmes é a área sob a curva dos bons clientes, à esquerda do ponto k.

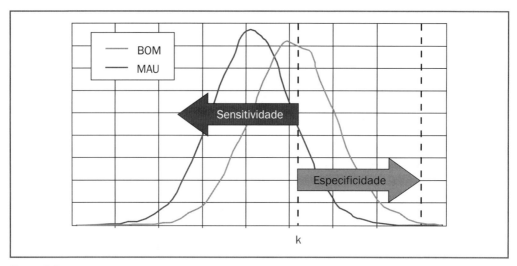

Figura 8.5   Sensitividade e especificidade

A curva ROC para a Empresa Arroba é apresentada na Figura 8.6. A área sob a curva ROC é denotada por AUROC (*Area Under ROC*). Por simplicidade, como é usual na literatura, vamos denotar essa área simplesmente por ROC. Para obter a curva, calculamos a sensitividade e a especificidade para cada valor de k, variando do menor ao maior valor do escore.

Alguns softwares estatísticos já disponibilizam o cálculo da área ROC. A área sob a curva da Figura 8.6, calculada pelo software SPSS, é aproximadamente igual a 0,75.

Da mesma forma que para o KS, alguns valores da ROC são utilizados pelos analistas para caracterizar o poder discriminatório do modelo de credit scoring. Por exemplo, alguns analistas consideram satisfatório um modelo cuja ROC é igual ou maior que 0,7 e excelente se essa medida for superior a 0,8. Não conhecemos uma tabela de valores como a que apresentamos para o KS.

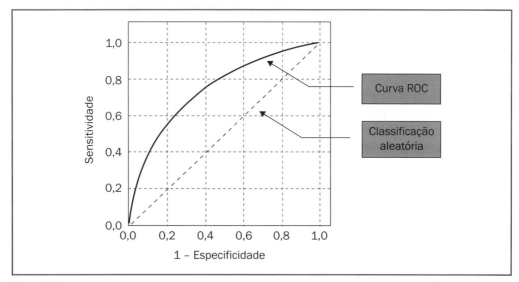

Figura 8.6 ROC para Empresa Arroba

Para o exemplo das Livrarias Dorela, o ROC é igual a 0,852, obtido a partir da curva ROC na Figura 8.7 seguinte.

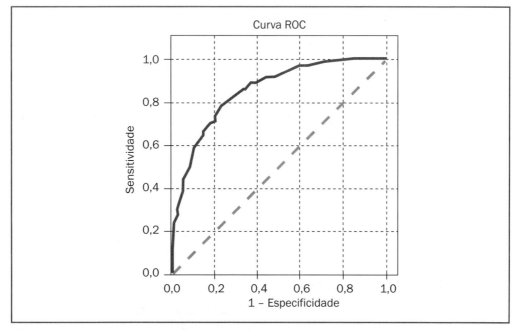

Figura 8.7 Curva ROC para Livrarias Dorela

8.7.3 Coeficiente de Gini

O coeficiente de Gini é de certa forma equivalente à ROC. É o dobro da área entre a curva ROC e a linha diagonal correspondente à classificação aleatória. Por exemplo, para o caso das Livrarias Dorela, como a ROC = 0,852, então

$$\text{Gini} = 2 \times (0,852 - 0,500) = 0,704$$

8.7.4 Perfil de Eficiência Acumulada (CAP)

A ideia do Perfil de Eficiência Acumulada (*Cumulative Accuracy Profiles*) é simples, especialmente para explicá-la a leigos. Após calcular os escores de cada indivíduo da amostra de teste, estes são ordenados do menor ao maior escore. No eixo das abscissas, marcamos a porcentagem (x%) de indivíduos da amostra (variando de 0 a 100). No eixo das ordenadas, marcamos a porcentagem de maus (m%) contida nesses x% indivíduos da amostra.

Por exemplo, se entre os 20% de indivíduos com os menores escores da amostra (20% $\leftrightarrow$ 600 clientes), temos 60% dos maus clientes (60% $\leftrightarrow$ 360 maus), marcaremos 20% no eixo horizontal e 60% no vertical. Dessa forma, para x variando entre 0 e 100, varremos toda a amostra. Por exemplo, para o caso das Livrarias Dorela, a curva CAP é exibida na Figura 8.8.

A curva CAP é também denominada Curva de Lorenz. A curva ideal corresponde a um modelo para o qual os k% menores escores correspondem aos k% maus na amostra como um todo. Em nosso caso, como a porcentagem de maus na amostra é igual a 20%, esses 20% deveriam ser os indivíduos com os escores mais baixos. Assim, com um modelo ideal, se pegarmos 20% do total, esses 20% serão todos os maus.

A partir dessas curvas, podemos calcular um indicador de performance, que denominaremos Eficiência do Modelo (em inglês, AR, de *Accuracy Ratio*. Por conveniência manteremos as iniciais em inglês). Denominando por I a área entre a curva ideal e a linha pontilhada (correspondente a um modelo aleatório) e por M a área entre a curva do modelo e a linha pontilhada, define-se AR = M/I. Quanto maior for AR, "melhor" será o modelo. Como destacam Sobehart, Keenan e Stein (2000), apesar do AR ser utilizado da mesma forma que o KS para comparar modelos, a vantagem do

AR (e do AUROC) é que eles se baseiam em todo o espectro de escores e não apenas nos pontos de diferença máxima.

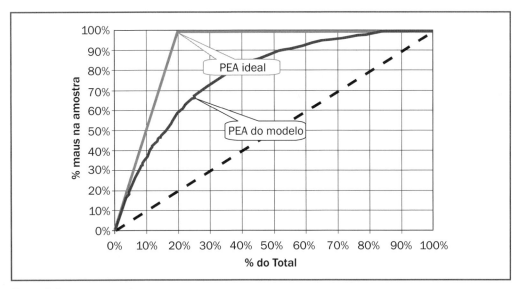

Figura 8.8 PEA para Livrarias Dorela

8.7.5 D de Sommers

Este é um indicador pouco utilizado, apesar de ser muito interessante. Vamos explicá-lo descrevendo seu cálculo.

— Formamos todos os possíveis pares ordenados (b_i, m_j) em que o primeiro elemento é do grupo dos bons e o segundo do grupo dos maus. Se n_b é o número de bons e n_m o número de maus, teremos um total de $n_t = (n_b \times n_m)$ pares.

— Um par é dito **concordante** se a probabilidade do elemento bom ser bom é maior que a probabilidade do mau ser bom, portanto, um resultado coerente [$P(bom \mid b_i) > P(bom \mid m_j)$]. Se as probabilidades forem iguais, temos um **empate**. Caso contrário, temos um par **discordante**. Em suma, dado o par (b_i, m_j):

  – $P(bom \mid b_i) > P(bom \mid m_j)$ → par concordante.
  – $P(bom \mid b_i) = P(bom \mid m_j)$ → empate.
  – $P(bom \mid b_i) < P(bom \mid m_j)$ → par discordante.

— Seja n_c o número de pares concordantes e n_d o de pares discordantes.
— O indicador D de Sommers é definido como segue: $D = (n_c - n_d)/n_t$.
— Quanto maior D, melhor o modelo segundo este critério.

No caso ideal em que todos os pares são concordantes, teremos $D = 1$. Se fizermos uma classificação aleatória, esperamos que o número de pares concordantes seja igual ao de discordantes e, portanto, $D = 0$. Teoricamente, D pode ser negativo, mas isso equivale a ter um modelo de credit scoring cuja decisão é pior que utilizar o critério cara ou coroa para decidir a aprovação/recusa de crédito.

No caso das Livrarias Dorela, temos $2.400 \times 600 = 1.440.000$ pares, desses 84,6% são concordantes, 14,6% discordantes e 0,2% empates. Isso implica $D = 0,70$.

9

Aperfeiçoando o modelo

9.1 UTILIZAÇÃO DAS INFORMAÇÕES DOS PROPONENTES RECUSADOS (*REJECT INFERENCE*)

Ao desenvolver um modelo de credit scoring baseamo-nos em clientes aprovados anteriormente pelo credor, utilizando um critério que pode ter sido um modelo de credit scoring ou um modelo puramente julgamental. Vamos denominar esse critério **modelo anterior**. Para simplificar nossa discussão, admitamos que todos os clientes **aprovados (A)** pelo modelo anterior efetivaram seus contratos de crédito e, portanto, podem ser classificados como bons ou maus.

Como um modelo de credit scoring se destina a avaliar todos os proponentes potenciais, ele deve basear-se nos **bons e maus clientes do mercado** e não apenas nos bons e maus clientes anteriormente aprovados pelo credor. Os clientes aprovados pelo critério anterior não constituem uma amostra dos proponentes que serão escorados pelo novo modelo. Uma amostra do mercado potencial a que se destina o novo modelo de credit scoring deve incluir os proponentes que foram **recusados (R)** anteriormente.[1] Representamos isso na Figura 9.1.

---

[1] Na realidade, o conjunto de proponentes aprovados e recusados não é uma amostra do mercado potencial. Este mercado também contém indivíduos que não solicitaram crédito a esse credor. No entanto, vamos "assumir" que o conjunto aprovados/recusados seja uma boa representação do mercado potencial.

A inclusão dos recusados no desenvolvimento do novo modelo é importante para evitar que este seja influenciado pelo viés das decisões anteriores e para considerar uma amostra que represente o mercado potencial.

Até o momento, o que nos impediu de utilizar os recusados no desenvolvimento do modelo é não sabermos quais se portariam como bons e quais se portariam como maus caso tivessem sido aprovados e efetivado o contrato. Nesta seção descreveremos diferentes métodos para inferir qual seria o comportamento de um recusado caso tivesse recebido o crédito solicitado, deixando claro que esta inferência nunca será perfeita (ou pelo menos, dificilmente saberemos se o for).

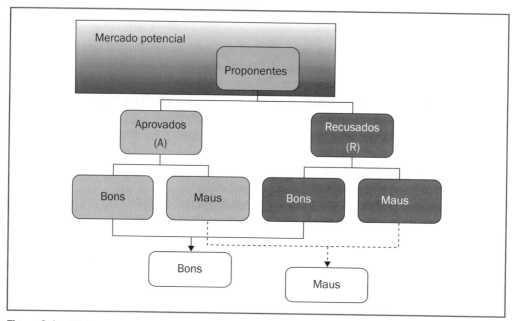

Figura 9.1 Diferentes tipos de proponentes

Os diferentes métodos de **inferência de recusados** (*reject inference*) são baseados em argumentos aparentemente lógicos. Apoiam-se em suposições sobre o comportamento dos recusados, nem sempre verificáveis na prática. Vários autores (Hand & Henley, 1997; Verstraeten & Van den Poel, 2005; Crook & Basanik, 2005 e outras referências citadas nestes trabalhos) têm discutido a validade dos vários métodos quanto à sua capacidade de aumentar o poder preditivo dos modelos de credit scoring e quanto à confiabilidade das estimativas das taxas de acerto. No presente texto, vamos apresentar algumas das técnicas mais conhecidas e deixar a cargo do analista a escolha da solução que lhe parecer mais adequada.

Aperfeiçoando o modelo

Nossa recomendação é a aplicação cuidadosa das técnicas de inferência dos recusados, com boa dose de bom-senso, analisando e "validando" os resultados obtidos. Thomas, Edelman e Crook (2002, p. 143) expressam essa ideia: "it does seem that reject inference is valid if one can confidently make some assumptions about the accepted and rejected populations. It may work in practice because these assumptions may sometimes be reasonable or at least moving in the right direction."

As armadilhas, comprovadas empiricamente por alguns autores ao aplicar essas técnicas, são várias:

— Em muitas situações, aplica-se o modelo desenvolvido com os aprovados (bons e maus) para inferir direta ou indiretamente o comportamento provável dos recusados. O fato de o modelo ter boa performance entre os aprovados não significa que repetirá essa performance quando aplicado aos recusados.

— As variáveis que melhor discriminam bons e maus entre os aprovados nem sempre são as que melhor discriminam bons e maus entre recusados.

— Nem sempre sabemos quais são as informações utilizadas no modelo anterior para rejeitar os clientes, especialmente no caso de critérios julgamentais. A omissão dessas informações pode comprometer a inferência dos rejeitados. Por exemplo, admitamos que os analistas que decidiam a aprovação das solicitações adotavam como regra a recusa de qualquer proponente que apresentasse um ou mais protestos nos últimos 12 meses. Na amostra de aprovados não teremos nenhum cliente com essa característica e a variável *Número de protestos* não aparecerá no modelo. Dependendo do mercado e produto analisados, essa variável poderia ser muito importante para inferir o comportamento dos recusados.

— As porcentagens de bons e maus entre os aprovados não são necessariamente iguais às dos recusados. Pelo contrário, se o modelo anterior for minimamente confiável, a porcentagem de maus entre os recusados será muito maior que entre os aprovados.

A melhor forma de inferir o comportamento dos recusados seria:

— selecionar uma amostra aleatória de recusados, de tamanho suficiente para estimar a porcentagem de maus clientes entre eles;

— conceder crédito a esses recusados;

— observar seu comportamento e classificá-los como bons ou maus.

A aplicação desse procedimento será provavelmente vetada pela direção do credor. Hand (1998) observa que o custo dessa experimentação pode assustar o credor; mas, a longo prazo, será um investimento importante, pois conduzirá a um modelo mais eficaz e, portanto, a maiores ganhos pela empresa.

Siddiqi (2006) apresenta uma síntese de grande número de técnicas de inferência de rejeitados utilizadas pelos analistas de credit scoring. Neste texto discutimos apenas algumas. O leitor deve atentar ao fato de que algumas técnicas recebem diferentes nomes de diferentes autores.

— Alternativa 1: considerar todos os recusados como maus

— Alternativa 2: extrapolação I (extrapolação *simples*)

— Alternativa 3: extrapolação II (*parceling*)

— Alternativa 4: ponderação (*augmentation*)

9.1.1   Alternativa 1: considerar todos os recusados como maus

A primeira alternativa é considerar todos os recusados como maus. A aplicação deste método só faz sentido em situações muito especiais.

Se o critério de decisão de crédito anterior somente recusava as solicitações quando o risco de crédito fosse muito alto, teremos provavelmente poucos recusados e estes poderiam ser "assumidos" como maus.

Outra situação em que isto poderia ser utilizado é quando as propostas foram avaliadas por analistas muito experientes e a probabilidade que um recusado se tornasse bom seria mínima.

Em outras palavras, só devemos pensar nesta alternativa se pudermos assumir que os recusados eram "certamente maus". Em nossa opinião, esta não é uma boa alternativa e deve ser evitada. Há analistas de credit scoring que discutem a validade ética deste procedimento, pois não permite corrigir um erro passado ("uma vez mau, sempre mau").

9.1.2   Alternativa 2: extrapolação I (extrapolação simples)

Neste método o modelo desenvolvido com os clientes aprovados será utilizado para inferir o comportamento dos recusados.

a)   Desenvolvemos um modelo com a amostra de bons e maus aprovados pelo critério anterior.

Aperfeiçoando o modelo

117

b) Filtragem: definimos, com base na opinião de analistas experientes, regras para filtrar os recusados "realmente maus". Por exemplo, se um proponente recusado apresentou dois ou mais cheques sem fundos, ele será automaticamente classificado como mau. Estas regras (filtros) só devem classificar como maus os casos críticos, ou seja, casos em que o proponente apresentou desabonos graves em aberto na data de escoragem.

c) Os recusados que não forem filtrados serão escorados com o modelo desenvolvido em (a).

d) Se seu escore for superior a determinado valor, ele será classificado como **provável bom**. Caso contrário, como **provável mau**. Sugerimos adotar um ponto de corte conservador. Por exemplo, só classificamos como bom o recusado cuja probabilidade de ser bom seja superior a 0,70 (e não 0,50).

e) Como se espera que a porcentagem de maus entre os recusados seja superior às porcentagens de maus entre os aprovados, observamos quantos recusados foram classificados como maus no passo anterior. Se a diferença entre essas porcentagens de maus não for razoável, reclassificamos os recusados utilizando um corte mais conservador; por exemplo, só classificamos como bons os recusados cujas probabilidades de serem bons seja superior a 0,80. Repetimos este passo até que alcancemos uma relação razoável entre as porcentagens de maus. Siddiqi (2006) recomenda que a porcentagem de maus entre os recusados seja de duas a quatro vezes a dos aprovados.

f) Formamos duas amostras compostas como segue:
    — Amostra de **bons de mercado**: os aprovados que foram classificados como bons e os recusados classificados como provavelmente bons.
    — Amostra de **maus de mercado**: os aprovados que se tornaram maus clientes, os recusados filtrados pelas regras definidas em (b) e os recusados provavelmente maus.

g) Construímos um novo modelo baseado na discriminação entre bons e maus de mercado.

Poderíamos alterar o procedimento efetuando a ponderação dos recusados como segue:

h) Repetimos os itens a, b e c anteriores.

i) Ponderamos os recusados utilizando como peso a probabilidade de ser bom calculada no item c anterior. Os clientes aprovados ficam com pesos igual a 1.

118   Credit Scoring

j)   Rodamos o modelo de regressão logística, atribuindo aos recusados o mesmo
      valor dos bons para a variável dependente e utilizando essas ponderações.

9.1.3   Alternativa 3: extrapolação II (*parceling*)

A suposição por trás desta alternativa é que se os indivíduos têm mesmo escore, eles devem ter o mesmo comportamento.

a)   Desenvolvemos um modelo para discriminar os bons e maus aprovados (mo-
      delo BM).

b)   Calculamos os escores com o modelo BM para todos os indivíduos, aprovados e
      recusados.

c)   Definimos k classes de risco (faixas de escores BM), preferencialmente de mes-
      mas frequências. Por exemplo, podemos considerar dez classes, cada uma com
      frequência aproximadamente igual a 10%.

d)   Classificamos todos os indivíduos, aprovados (A) e recusados (R) nessas classes.

e)   Sejam $p(m \mid j,A)$ e $p(b \mid j,A)$ as proporções de aprovados maus e de aprovados
      bons classificados na classe de risco j (j = 1,...,k).

f)   Dentre os recusados classificados na classe j selecionamos aleatoriamente
      $p(m \mid j,A)$ recusados e os classificamos como "maus". Os demais recusados da
      classe j são classificados como "bons".

      — Como se espera que a porcentagem de maus entre os recusados seja superior
        à dos aprovados, é recomendável alterar a classificação dos recusados em
        cada classe, adotando maiores porcentagens de recusados maus ao selecio-
        ná-los. Teríamos então $p(m \mid j, R) = \lambda \cdot p(m j, A)$ em que o fator λ é um número
        superior a 1. Siddiqi (2006) recomenda adotar um valor de λ variando entre
        2 e 4, em função do rigor de aceitação do método de aprovação anterior. O
        ideal seria adotar diferentes valores de λ em função do risco de cada classe e
        verificar se a porcentagem total de recusados inferidos como maus é razoa-
        velmente superior à porcentagem de maus entre os aprovados.

g)   Rodamos o novo modelo considerando como bons todos os bons aprovados e os
      recusados "bons", e como maus todos os maus aprovados e os recusados "maus".

Na Tabela 9.1 ilustramos o procedimento adotando o fator $\lambda = 2$ para todas as
classes. A classe de maior risco é a classe 1 e a de menor risco a classe k.

Aperfeiçoando o modelo

Tabela 9.1 Inferência de recusados com $\lambda = 2$

	Aprovados		Recusados		
Classe de risco	p(m|j, A) %	p(b|j, A) %	Total	Maus	Bons
1 (maior risco)	72,3%	27,7%	350	350	0
2	44,4%	55,6%	227	202	25
3	28,3%	71,7%	210	119	91
—	—	—	—	—	—
k (menor risco)	0,4%	99,6%	5	0	5
Total	20,0%	80,0%	1.302	521	781

Por exemplo, na classe 3, temos 28,3% de maus. Como $\lambda = 2$, classificaremos $2 \times 28,3\% = 56,6\%$ dos 210 recusados como maus. Isso equivale a classificar 119 recusados como maus.

9.1.4 Alternativa 4: ponderação (*augmentation*)

De acordo com Thomas, Edelman e Crook (2002) este seria o método mais utilizado no mercado.

a)   Desenvolvemos um modelo para discriminar os aprovados e os recusados (Modelo AR).

b)   Calculamos os escores AR para todos os indivíduos da amostra de aprovados e recusados.

c)   Definimos classes de escores AR, preferencialmente de mesmas frequências. Por exemplo, podemos considerar dez classes, cada uma com frequência aproximadamente igual a 10% do total de indivíduos (aprovados e recusados).

d)   Classificamos os indivíduos aprovados e recusados nessas classes.

e)   Ponderamos os aprovados utilizando os pesos calculados como a seguir:

Tabela 9.2 Inferência adotando ponderação (*augmentation*)

Classe de risco (AR)	Aprovados	Recusados	Pesos para os aprovados
1	A_1	R_1	$(A_1 + R_1)/A_1$
2	A_2	R_2	$(A_2 + R_2)/A_2$
3	A_3	R_3	$(A_3 + R_3)/A_3$
—	—	—	—
k	A_k	R_k	$(A_k + R_k)/A_k$

f)   Construímos um novo modelo baseado nos clientes aprovados ponderados.

A lógica para dedução pode ser encontrada em Crook & Basanik (2005): basicamente, supõe-se para um dado valor do escore AR, digamos w, os indivíduos com escore w são similares, independentemente de terem sido aprovados ou recusados. Portanto, os aprovados da classe j são ponderados para representar os $A_j + R_j$ dessa classe. Isso leva a considerar os pesos acima ao rodar a regressão logística.

9.1.5 Analisando os resultados da inferência dos recusados

Ao descrever os métodos anteriores, demos algumas ideias da lógica que fundamenta cada método da inferência dos recusados. Esses argumentos "lógicos" baseiam-se muito mais na intuição que na validação das suposições feitas. Surge então a pergunta natural: Qual método escolher?

Nossa preferência é pelo segundo (extrapolação simples), apenas por sua simplicidade, mas sem poder afirmar qual deles é o melhor. Sugerimos que o analista teste os três últimos métodos descritos anteriormente e selecione o modelo que lhe parecer mais adequado, quer utilizando os indicadores de performance apresentados, quer utilizando o seu *feeling*. Este último critério de seleção (*feeling*) é o nosso preferido para este fim.

9.2 TRATAMENTO DE OUTROS CLIENTES NÃO CONSIDERADOS NO MODELO

Ao classificar os clientes aprovados, podemos ter cinco categorias, em função do tipo de operação e dos critérios estabelecidos para essa classificação:

— clientes bons;

— clientes maus;

— clientes intermediários;

— clientes não classificados;

— clientes aprovados que não tomaram o crédito.

Por exemplo, suponhamos que nossa carteira é constituída de clientes com financiamento para compra de automóveis em 36 parcelas. Admitamos que a classificação dos clientes segue este critério:

Se o número de parcelas vencidas for inferior a 12 e

— nenhum pagamento foi realizado com mais de 60 dias de atraso → cliente não será classificado como bom ou mau (não classificado);

Aperfeiçoando o modelo

— pelo menos um pagamento foi realizado com mais de 60 dias de atraso → mau pagador.

Se o número de parcelas vencidas for maior ou igual a 12 e, para as parcelas vencidas,

— nenhum pagamento foi realizado com mais de 30 dias de atraso e, na data da classificação, não há parcelas vencidas não pagas → bom pagador;

— pelo menos um pagamento foi realizado com mais de 60 dias de atraso → mau pagador;

— caso contrário → Intermediário.

Ao desconsiderar os clientes não classificados e os intermediários, estamos incorrendo em um problema similar ao dos recusados no que tange ao viés da amostra. Parte dos clientes do mercado não está sendo contemplada no desenvolvimento do modelo. Em ambos os casos poderíamos aplicar procedimento similar ao dos créditos recusados. No entanto, acreditamos que nestes casos o efeito de omitir tais clientes no desenvolvimento do modelo não é tão grave quanto no caso dos recusados, tendo em vista que fazem parte do grupo de aprovados.

9.3 INTERAÇÃO DE VARIÁVEIS

Para facilitar o entendimento desta seção, suponhamos que as variáveis preditoras são binárias e que temos apenas três variáveis X1, X2 X3. Ao determinar a fórmula de escoragem, os analistas de credit scoring usualmente se restringem a uma função linear nessas variáveis da forma

$$Z = b_0 + b_1 \times X_1 + b_2 \times X_2 + b_3 \times X_3$$

Em geral, esse tipo de função mais simples, em que os efeitos das variáveis são **aditivos**, conduz a bons resultados. Sempre iniciamos com um modelo aditivo, contemplando todas as variáveis disponíveis. Se os resultados não forem aceitáveis, devemos aperfeiçoar o modelo. Ou exploramos novas variáveis (se estiverem disponíveis), ou modificamos a forma funcional do modelo.

Uma das possíveis maneiras de obter um modelo potencialmente mais adequado é introduzindo termos de **efeitos multiplicativos** usualmente denominados **efeitos de interação de variáveis.**

Há situações em que a **interação de variáveis (ou efeito multiplicativo)** pode aumentar o poder preditivo do modelo. Um modelo considerando as interações de segunda e terceira ordem pode ser uma opção interessante. A função ficaria com o formato

$$Z = c_o + c_1 \times X1 + c_2 \times X2 + c_3 \times X_3 + c_{12} X1 \times X2 + c_{13} \times X1 \times X3 + c_{23} \times X1 \times X3 + c_{123} \times X1 \times X2 \times X3$$

Os estatísticos entendem por **interação de duas variáveis** ao fenômeno que ocorre quando a contribuição de uma variável se altera na presença da outra variável. Por exemplo, se consideramos apenas a interação de X1 e X2, a função discriminante será

$$Z = c_o + c_1 \times X1 + c_2 \times X2 + c_3 \times X3 + c_{12} \times X1 \times X2$$

Quando X1 = 0, então resulta

$$Z = c_o + c_2 \times X2 + c_3 \times X3$$

Quando X1 = 1, então resulta

$$Z = c_o + c_1 + c_2 \times X2 + c_3 \times X3 + c_{12} \times X2$$

ou

$$Z = (c_o + c_1) + (c_2 + c_{12}) X2 + c_3 \ X3$$

Ou seja, as fórmulas de escoragem diferem quando X1 muda de valor; a constante da função e o coeficiente de X2 se alteram.

No desenvolvimento de modelos de credit scoring é usual trabalhar com 100 ou mais binárias. Se formos considerar todas as interações de 2ª ordem, de 3ª ordem etc. até chegar à interação de centésima ordem, teríamos uma função com milhares de parâmetros a estimar. Isto, à parte do tempo de processamento, exigiria amostras

Aperfeiçoando o modelo

gigantescas. Ou seja, não é viável. Para reduzir a dimensionalidade desse problema, devemos identificar por algum procedimento estatístico (as árvores com AID)[2] ou com base na experiência dos analistas de crédito quais as variáveis que aparentam ter forte interação e considerar apenas essas interações de segunda ordem. Por exemplo, a binária (*casado-não casado*) e as binárias relativas ao *número de dependentes* podem apresentar forte interação.

---

[2]   AID – *Automatic Interaction Detection*. Não será detalhado neste livro.

10

Implantação do modelo

10.1 INTRODUÇÃO

A implantação de um modelo deve ser cuidadosamente planejada e supervisionada para evitar erros que possam comprometer a eficácia do sistema de escoragem. A implantação de um modelo de credit scoring não se limita à programação do cálculo do escore por um computador. Devemos criar um **Sistema de Apoio à Decisão de Crédito (SADC)** para:

— proceder ao cálculo e guarda dos escores (uso da fórmula) e da classificação de risco dos proponentes;

— no caso de créditos aprovados, registrar as características da operação (limites, taxas, número de parcelas etc.). Essas características variam em função do escore do cliente e da política de crédito predeterminada pelo credor;

— reunir as informações que permitam emitir relatórios periódicos para monitorar a estabilidade do perfil do mercado e identificar eventuais alterações (vide Capítulo 11);

— reunir as informações que permitam emitir relatórios para acompanhar o desempenho do modelo de escoragem e das políticas de crédito, e verificar se os objetivos para os quais o modelo foi desenvolvido estão sendo alcançados.

O SADC será discutido com mais detalhes na Seção 10.4

10.2 REGRAS PARA TOMADA DE DECISÃO

10.2.1 Filtros de crédito

São restrições à concessão de crédito determinadas pelos gestores de crédito. Por exemplo, uma instituição financeira pode definir alguns dos filtros seguintes:

— O crédito só será concedido para solicitantes com renda familiar acima de um determinado valor.

— Cooperativas e instituições financeiras não poderão ser avaliadas por meio do credit scoring.

— Pessoas físicas com dois ou mais cheques devolvidos não receberão crédito.

— Empresas que pertençam ao ramo imobiliário, por exemplo, deverão ter suas propostas de crédito avaliadas por outros meios que não o sistema de escoragem sendo implantado etc.

Essas restrições devem ser definidas antes de iniciar o desenvolvimento do projeto, pois solicitantes enquadrados nestes filtros não devem fazer parte da amostra.

10.2.2 Definição do ponto de corte

Uma possível forma de decisão quanto à concessão de crédito é fixar um valor de escore, que denominamos **ponto de corte (PDC)**, tal que

— Se o escore for maior ou igual a esse ponto de corte, o crédito pode ser aprovado.
— Caso contrário, o crédito deve ser recusado.

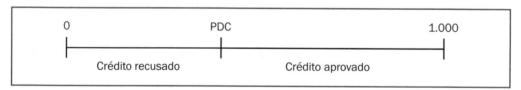

Figura 10.1 Ponto de corte

Ao usar o credit scoring como subsídio à decisão de crédito, podemos cometer dois tipos de erros:

— Erro I – Recusar uma operação que, caso fosse realizada, seria um bom negócio para o credor.

— Erro II – Aprovar uma operação que se tornará problemática para o credor.

Implantação do modelo

Ao aumentar o valor do ponto de corte (maior rigor para aprovação), reduzimos a probabilidade de cometer o erro II (risco do credor); em compensação, aumentamos a probabilidade de cometer o erro I (risco do cliente). Ao reduzir o valor do ponto de corte, ocorrerá o oposto. Cometer o Erro I implica perda de um bom cliente. O custo dessa perda é de difícil avaliação. Cometer o erro II implica perda financeira para o credor. Na determinação do ponto de corte, busca-se uma solução de compromisso entre esses erros.

Há vários critérios para a determinação do ponto de corte. Um critério usual consiste em determinar um ponto de corte tal que a estimativa da **taxa de erro** (i. e., a probabilidade de classificar equivocadamente uma proposta de crédito) seja a menor possível. Nos livros de estatística encontramos fórmulas para determinar o ponto de corte com esse objetivo. Não recomendamos o uso dessas expressões, posto que sua validade depende de certas condições estatísticas que raramente se verificam nos modelos de escoragem. Preferimos determinar o ponto de corte por tentativa e erro, determinado o valor que conduza à menor taxa de erro na amostra de desenvolvimento.

Por exemplo, considere a Tabela 10.1, que dá a distribuição acumulada de clientes para alguns valores do escore calculados com um determinado modelo de credit scoring. Vamos admitir que 30% dos indivíduos do mercado sejam maus. Em cada linha da coluna, temos a porcentagem de bons e maus que seriam classificados erroneamente se o ponto de corte fosse o escore (SCR) correspondente a essa linha. Por exemplo, se o ponto de corte for 600, teremos 40,2% dos bons clientes classificados como maus e 14,0% dos maus classificados como bons. A taxa de erro será igual[1] a $(0,70)(40,2) + (0,30)(14,0) = 32,0\%$. Analisando a tabela, verificamos que entre esses valores o melhor ponto de corte seria 500, pois a ele corresponde a menor taxa de erro (20%).

Tabela 10.1 Seleção de um ponto de corte

SCR	Bons	Maus	Bons mal classificados	Maus mal classificados	Taxa de erro
300	0,7%	10,0%	0,7%	90,0%	27%
400	3,0%	34,0%	3,0%	66,0%	22%
500	15,2%	69,0%	15,2%	31,0%	20%
600	40,2%	86,0%	40,2%	14,0%	32%
700	66,2%	91,0%	66,2%	9,0%	49%
800	81,2%	100,0%	81,2%	0,0%	57%
900	99,8%	100,0%	99,8%	0,0%	70%
	100,00%	100,00%			

---

[1] P(erro de classificação) = P(mau) $\times$ P(erro ao classificar um mau) + P(bom) $\times$ P(erro ao classificar um bom).

Um critério mais interessante para determinação do ponto de corte é o da rentabilidade esperada. O ponto de corte deve ser fixado de modo que operações cujos escores estejam acima do ponto de corte sejam rentáveis para a instituição; operações cujos escores estejam abaixo do ponto de corte terão rentabilidade abaixo do desejado e não haverá interesse em realizá-las. A determinação do ponto de corte dependerá de um modelo de rentabilidade para as operações. O critério poderia ser enriquecido se considerássemos também o custo incorrido ao perder um bom negócio de crédito, recusado equivocadamente pelo sistema de *credit scoring*. Este custo, intangível, é muito difícil de se avaliar.

Outros critérios de determinação do ponto de corte podem ser a fixação de um percentual máximo de bons recusados (limitar o Erro I), a fim de não perder uma boa parcela do mercado. Alternativamente, pode-se fixar um teto para a taxa de maus aprovados (Erro II). Esse último critério denota uma postura conservadora que pode implicar uma perda significativa de bons negócios.

10.2.2.1 Dois pontos de corte e região cinza

Em vez de trabalhar com um único ponto de corte pode-se adotar dois pontos de corte C1 e C2, com C1 < C2, tais que se o escore de um cliente for menor ou igual a C1, ele será automaticamente recusado; se o escore de um cliente for maior ou igual a C2, ele será automaticamente aprovado; se o escore estiver entre C1 e C2, o pedido de crédito será analisado por analistas de crédito, que procurarão obter informações adicionais para melhor avaliar esse proponente. A faixa entre C1 e C2 é denominada região cinza.

Quadro 10.1 Região cinza

Escore ≤ C1	Recusa automática
C1 < Escore < C2	Região cinza → decisão dos analistas
Escore ≥ C2	Aprovação automática

10.2.3 Classes de risco

A ideia de utilizar um único ponto de corte para decidir aprovar ou recusar uma proposta parece-nos inapropriada na maior parte das aplicações de credit scoring. Já dissemos que o credit scoring não é um instrumento para conceder ou recusar crédito, mas, sim, um instrumento para medir o risco de crédito. Tratar todos os clientes

Implantação do modelo

acima do ponto de corte da mesma forma é um desperdício de informação. Por exemplo, considere os clientes A, B e C na Figura 10.2.

Os clientes A e B, apesar de terem escores muito similares, serão tratados de maneira diferente. A terá a proposta recusada enquanto B terá a proposta aprovada. Todavia, B e C, apesar de terem escores muito diferentes, serão tratados da mesma forma, ou seja, terão as suas propostas aprovadas. Nestes dois exemplos percebemos que não levamos em conta o grau de diferenciação dos escores. Clientes com escore próximo a 1.000 são clientes com baixo risco e devemos tratá-los como tal. Clientes com escore pouco acima do ponto de corte não diferem muito dos clientes um pouco abaixo do ponto de corte, não devendo ser tratados de maneira radicalmente distinta.

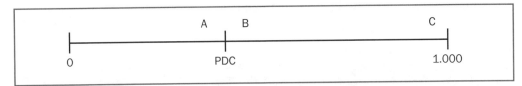

Figura 10.2 Decisão com um ponto de corte (PDC)

Para melhor aproveitar a informação fornecida pelo modelo de credit scoring é recomendável trabalhar com faixas de escores ou **classes de risco**. Dividimos a escala de escores em faixas (**classes de risco**), não necessariamente de mesma amplitude. Cada cliente será classificado de acordo com o valor de seu escore. A instituição credora poderá utilizar diferentes regras de crédito para propostas nas diferentes classes de risco. Por exemplo, os limites de crédito poderão ser maiores nas classes de menor risco; diferentes taxas poderão ser praticadas para garantir rentabilidades equivalentes nas diferentes classes.

Para a divisão em classes de risco, temos que responder a duas perguntas:

— Quantas classes determinar?
— Qual a amplitude de cada classe?

Alguns estudiosos recomendam trabalhar com até 20 classes. Nossa experiência sugere que, pelo menos para os primeiros modelos a serem implantados por uma empresa credora, um número tão grande de classes não é apropriado. Acreditamos que de 8 a 12 classes é suficiente.

A segunda pergunta, relativa à amplitude de cada uma das classes, é mais complexa. A classe definida como "praticamente livre de risco" deve corresponder a probabilidades de ser mau cliente inferior a 0,1%? Ou inferior a 0,5%? É difícil alcançar o consenso entre os analistas de crédito para a determinação dos limites de cada uma dessas classes. O mais simples é determinar esses limites em termos da probabilidade de ser mau cliente (é mais usual que utilizar probabilidade de ser bom cliente, apesar de serem complementares) e depois substituir pelos escores correspondentes. A Tabela 10.2 mostra a correspondência entre escores escalonados de 0 a 1.000 (de acordo com a fórmula exposta no Capítulo 8) e as probabilidades de ser mau cliente.

A seguir damos exemplos de classes de risco utilizadas por alguns credores. A Tabela 10.3 mostra um exemplo de classes de risco para definição de políticas de crédito de pequenas empresas. A Tabela 10.4 apresenta as primeiras classes mais estreitas, o que pode ser uma boa sugestão para empresas de porte médio ou grande.

Tabela 10.2 Correspondência escores $\times$ P(mau)

Classes de risco	Escores	
	Limite inferior	Limite superior
$0{,}000 \leq$ P(mau) $< 0{,}025$	805	1.000
$0{,}025 \leq$ P(mau) $< 0{,}050$	744	805
$0{,}050 \leq$ P(mau) $< 0{,}075$	708	745
$0{,}075 \leq$ P(mau) $< 0{,}100$	682	709
$0{,}100 \leq$ P(mau) $< 0{,}125$	661	683
$0{,}125 \leq$ P(mau) $< 0{,}150$	644	662
$0{,}150 \leq$ P(mau) $< 0{,}175$	628	645
$0{,}175 \leq$ P(mau) $< 0{,}200$	615	629
$0{,}200 \leq$ P(mau) $< 0{,}225$	602	616
$0{,}225 \leq$ P(mau) $< 0{,}250$	591	603
$0{,}250 \leq$ P(mau) $< 0{,}275$	580	592
$0{,}275 \leq$ P(mau) $< 0{,}300$	570	581
$0{,}300 \leq$ P(mau) $< 0{,}325$	560	571
$0{,}325 \leq$ P(mau) $< 0{,}350$	551	561
$0{,}350 \leq$ P(mau) $< 0{,}375$	542	552
$0{,}375 \leq$ P(mau) $< 0{,}400$	533	543
$0{,}400 \leq$ P(mau) $< 0{,}425$	524	534
$0{,}425 \leq$ P(mau) $< 0{,}450$	516	525
$0{,}450 \leq$ P(mau) $< 0{,}475$	507	517
$0{,}475 \leq$ P(mau) $< 0{,}500$	500	508
$0{,}500 \leq$ P(mau) $< 1{,}000$	–	500

Implantação do modelo

Tabela 10.3 Classes de risco para pequenas empresas (exemplo)

Classe de risco	P(mau) (%)	Escores	
		Limite inferior	Limite superior
AA	0,0 ≤ P(mau) < 1,0	884	1.000
A	1,0 ≤ P(mau) < 2,5	806	883
AB	2,5 ≤ P(mau) < 5,0	746	805
BB	5,0 ≤ P(mau) < 10,0	684	745
B	10,0 ≤ P(mau) < 15,0	646	683
BC	15,0 ≤ P(mau) < 20,0	617	645
C	20,0 ≤ P(mau) < 30,0	572	616
CD	30,0 ≤ P(mau) ≤ 100,0	–	571
F	Não passíveis de crédito (filtros)		

Tabela 10.4 Classes de risco para médias e grandes empresas (exemplo)

Classes de risco	P(mau) %	Escores	
		Limite inferior	Limite superior
A1	0,00% ≤ P(mau) < 0,50%	942	1.000
A2	0,50% ≤ P(mau) < 1,00%	884	941
A3	1,00% ≤ P(mau) < 1,50%	850	883
A4	1,50% ≤ P(mau) < 2,00%	825	849
A5	2,00% ≤ P(mau) < 3,00%	791	824
B1	3,00% ≤ P(mau) < 4,00%	766	790
B2	4,00% ≤ P(mau) < 5,00%	746	765
B3	5,00% ≤ P(mau) < 6,00%	730	745
B4	6,00% ≤ P(mau) < 8,00%	705	729
B5	8,00% ≤ P(mau) < 10,00%	684	704
C1	10,00% ≤ P(mau) < 15,00%	646	683
C2	15,00% ≤ P(mau) < 30,00%	572	645
C3	30,00% ≤ P(mau) < 50,00%	501	571
C4	50,00% ≤ P(mau) < 100,00%	–	500
F	Não passíveis de crédito (filtros)		

10.2.4 Regras para interferência (*overrides*)

Se a decisão de aprovar ou recusar uma solicitação de crédito se baseia apenas no fato do escore estar acima ou abaixo do ponto de corte respectivamente, o credor pode interferir alterando essa decisão. Se um proponente tiver escore muito baixo, o credor pode aprovar o crédito movido por interesse estratégico ou em virtude de informações adicionais a respeito do proponente. Porém, pode ocorrer que um proponente tenha escore acima do ponto de corte, mas, devido a informações adicionais a seu respeito, o credor recusa a solicitação de crédito. Nesses casos dizemos que há **interferência** dos analistas e essas operações são denominadas **exceções** ou *overrides*.

Se a decisão de crédito se baseia em classes de risco (para definir limites, taxas, número de parcelas etc.), o credor pode, pelos mesmos motivos acima expostos, adotar as políticas correspondentes a classes de menor ou maior risco que a determinada pelo sistema de escoragem. Por exemplo, se um cliente é classificado na classe B2, o credor pode decidir por uma política menos conservadora para esse proponente, adotando, por exemplo, a correspondente à classe A3 (de menor risco que B2).

A alteração da classe de risco com base julgamental invalida o significado da probabilidade de ser bom ou mau cliente associada a essa nova classe de risco. Em outras palavras, o escore pode ser alterado para favorecer ou dificultar a aprovação do crédito, mas isso não altera a probabilidade desse proponente tornar-se bom ou mau cliente.

Ao implantar o SADC, devemos planejar o registro da classificação original do proponente, da classificação adotada devido à interferência dos analistas e, principalmente, do motivo pelo qual foi tomada a decisão de interferir. Ao acompanhar as operações de crédito, devemos prestar atenção especial ao comportamento desses casos. As análises do desempenho dos *overrides* podem contribuir com informações úteis para aperfeiçoar a próxima versão do modelo e as regras de estruturação das operações.

As regras de interferência devem ser muito claras:

— Quem pode interferir na decisão (alçada)?

— No caso de classes de risco, quantas classes podemos "pular" para cima ou para baixo?

— As interferências são permitidas para todos os valores dos escores ou apenas para valores próximos ao ponto de corte (ou aos limites de uma classe)?

— Quais os motivos aceitos como justificativa para interferência?

A exigência de registro de uma decisão de interferência e da razão que a motivou implicará um maior cuidado por parte dos analistas ao praticar essa interferência. Será um bom freio. Em geral, o excesso de interferências não é saudável. A interferência deve ser restrita a casos muito especiais ou para contornar uma deficiência do modelo devido, por exemplo, a uma mudança na política econômica do governo ocorrida

Implantação do modelo

logo após a implantação do modelo (cujo desenvolvimento obviamente não contemplou essa alteração). Um número excessivo de interferências pode significar que o modelo não é confiável ou não convenceu os analistas de crédito responsáveis pela decisão final. Devemos investigar o porquê e tomar as decisões cabíveis.

Vamos ilustrar uma situação em que a interferência foi a saída encontrada para poder utilizar um modelo já desenvolvido. O prazo máximo para financiamento de autos foi alterado de 18 para 36 meses poucas semanas depois da implantação do modelo. Ao desenvolver o modelo, só foram considerados financiamentos com máximo de 18 parcelas, e a amostra revelou que, quanto maior o número de parcelas maior o risco. Isso implicou peso negativo para o número de parcelas. A saída encontrada pelo credor foi utilizar o modelo já implantado e analisar manualmente propostas recusadas devido especificamente ao alto número de parcelas (maior que 18). A solução seria adotada temporariamente até que se desenvolvesse novo modelo considerando clientes com financiamento até 36 parcelas (logicamente o credor deveria esperar um tempo razoável para definir um mau pagador considerando os 36 meses de prazo). O problema era mais sério do que a simples adaptação ao número de parcelas. Ao financiar em um prazo muito maior o perfil do solicitante de crédito modificou, incluindo pessoas de menor nível econômico. A perda de poder preditivo do modelo poderia ser significativa, o que felizmente não ocorreu.

10.3 DOCUMENTAÇÃO

Antes de iniciar a implantação do modelo, a sua documentação do modelo e as políticas de crédito devem estar prontas e disponíveis. Essa documentação deve ser iniciada ao definir os parâmetros do modelo e atualizada à medida que o projeto se desenvolve.

Essa documentação deve conter, no mínimo, as informações seguintes:

— conceito de bons e maus clientes. Se for o caso, de clientes intermediários e clientes não passíveis de escoragem;

— horizonte de previsão (período de performance);

— variáveis utilizadas no desenvolvimento do modelo (utilizadas ou não na fórmula): definições operacionais, fonte de aquisição das informações, distribuições de frequências e análises bivariadas obtidas no desenvolvimento do modelo, transformações de variáveis, tratamento de *missing values* e *outliers*, transformação em *dummies* etc.;

— fórmula de escoragem;

- distribuição de frequências dos escores para os diferentes tipos de clientes (bons, maus, intermediários e recusados) relativas à amostra utilizada para o desenvolvimento da fórmula de escoragem;
- distribuições de frequências da variável *Status* (tipo de cliente) dentro de cada classe de risco;
- Filtros de crédito – definições;
- Regras de crédito para estruturação das operações aprovadas em cada classe de risco;
- Política de interferências (*overrides*);
- Outras informações que possam ser relevantes para a gestão do sistema.

10.3.1. Diário de bordo

Ao iniciar a implantação, o responsável pelo SADC deve abrir um diário para registrar todas as ocorrências que se relacionem com o modelo e que possam ter impacto em seu desempenho. Isso pode contemplar alterações na fontes de aquisição dos dados, alterações em definições operacionais, mudanças na tecnologia de aquisição dos dados, mudanças nas políticas de crédito da instituição etc. Esse diário deve ser mantido "sempre" atualizado. Quem já experimentou problemas operacionais durante a implantação ou gestão de um modelo de credit scoring pode avaliar a extrema importância desse diário.

10.4 SADC – SISTEMA DE APOIO À DECISÃO DE CRÉDITO

Para que a utilização do credit scoring alcance seus objetivos, sua gestão deve ser uma atividade **permanente**, baseada em dados adequados, coletados e reunidos em um sistema de informações gerenciais que denominaremos SADC – Sistema de Apoio à Decisão de Crédito. É condição necessária que os analistas de crédito tenham acesso fácil para consulta a essas informações e que possam emitir seus relatórios gerenciais sem necessidade de solicitar esse serviço à área de informática.

O conjunto de informações armazenadas no SADC deve conter:

- Datas das últimas k vezes em que esse proponente foi escorado e os correspondentes valores dos escores. Recomendamos que k seja pelo menos igual a três.
- Os valores das variáveis do proponente nessas datas, inclusive dos proponentes cujos créditos foram recusados. Consideram-se aqui variáveis que entram na fórmula e outras consideradas importantes pelos analistas do modelo e de crédito.

Implantação do modelo

— Decisões de interferência (*overrides*, caso ocorram) em cada uma dessas datas e os motivos que as justificaram.

— Os dados relativos ao crédito concedido (operação realizada ou não, número de parcelas, valor de cada parcela, valor financiado, dias de atraso para cada parcela, data em que foi considerado inadimplente, renegociação de dívida, recuperação de crédito etc.).

— Outras informações que a área de crédito considere importantes para analisar o desempenho do modelo e a estabilidade do perfil do mercado.

— Informações úteis para a área de marketing. O SADC é importante para que os gestores de produtos de crédito conheçam e acompanhem o mercado com o propósito de vislumbrar oportunidades de aumentar sua participação no mercado, lançar campanhas mercadológicas bem direcionadas e, eventualmente, lançar novos produtos de crédito.

10.5 ASPECTOS TÉCNICOS DA IMPLANTAÇÃO DO CREDIT SCORING

10.5.1 Detalhamento para a área de informática

Em geral, os analistas de informática não participam do desenvolvimento do modelo de credit scoring e têm dificuldade de entender algumas especificações que podem parecer óbvias para a equipe de desenvolvimento do modelo. As especificações para o desenvolvimento da parte computacional têm que ser extremamente claras e objetivas. O detalhamento para a área de informática deve especificar:

— Empresas que não deverão ser escoradas pelo sistema:

– empresas excluídas do estudo;

– empresas com informações incompletas (quais?);

– empresas com informações não atualizadas. Devemos definir o que se entende por "atualizadas";

– outras.

— Filtros definidos pela área de crédito.

— Definição operacional das variáveis utilizadas na fórmula de escoragem. A definição operacional deve ser extremamente clara, identificando a forma de cálculo da variável e as fontes das informações utilizadas nesse cálculo.

— Definição operacional das variáveis não utilizadas na fórmula de escoragem, mas que deverão ser incluídas no SADC para acompanhamento e gestão do modelo.

136

Credit Scoring

— Regras para verificação da consistência das variáveis definidas nos dois itens anteriores. Estas regras permitem detectar eventuais anomalias. Exemplos dessas regras são dados a seguir:

– Idade vs. Tempo de emprego (por exemplo, se a idade da empresa é 10 anos e o sócio entrou há 15 anos, há uma inconsistência);

– Idade vs. Estado civil (por exemplo, viúvo com 21 anos. Não é impossível, mas devemos verificar);

– Mora em casa própria, mas não indica posse de bens imóveis etc.

— Tratamento a ser dado no caso de variáveis com *missing values*, detalhando-o por variável.

— Tratamento a ser dado no caso de variáveis com dados discrepantes (*outliers*), detalhando-o por variável.

— Transformações a serem realizadas nas variáveis, tais como discretização de variáveis contínuas, transformação em variáveis binárias (*dummies*), truncamento e transformações matemáticas (logarítmica, exponencial etc.).

— Fórmula(s) para cálculo do escore.

— Definição das classes de risco.

— Definição de quais informações poderão ser fornecidas ao usuário do sistema ("usuários na ponta da linha").

— Informações que deverão ser armazenadas no SADC para uso posterior em auditorias e monitoramento do sistema de escoragem.[2]

10.5.2 Segurança do sistema de cálculo dos escores

Os escores de crédito são informações importantes para a tomada de decisões de crédito. A segurança do sistema deve ser mantida com extremo zelo, evitando que essas informações possam ser adulteradas intencionalmente ou por descuidos processuais.

Recomendamos que os valores dos escores dos solicitantes não sejam revelados nem mesmo aos analistas de crédito. Para a tomada de decisão, o analista necessita saber apenas quais as condições aprovadas para realização da operação (por exemplo, qual o limite máximo de crédito ou qual a taxa de juros a ser praticada). Informações

---

[2] Estas informações serão definidas posteriormente ao detalharmos os procedimentos para auditoria e monitoramento.

Implantação do modelo

adicionais sobre o cálculo do escore pouco ou nada ajudam e ainda facilitam o divertido jogo de adivinhar os pesos das variáveis.

O sistema de cálculo dos escores deverá ser protegido por meio dos recursos disponíveis pela área de informática (criptografia, por exemplo).

Devemos tomar alguns cuidados, entre os quais:

— Definir quem poderá ter acesso:

- aos manuais descritivos do processo de desenvolvimento;
- à fórmula de cálculo;
- aos valores dos escores;
- às informações do SADC.

— Definir quem deverá digitar os pesos da fórmula.

— Definir quem poderá alterar esses pesos (responsabilidade pela modificação do modelo).

Outro aspecto muito importante no que diz respeito à segurança é o controle na imputação dos dados do cliente. Em uma grande rede varejista, a imputação das informações é feita pelos vendedores. Como estes estão interessados na venda, pois dela decorre a comissão, foi observado que, com grande frequência, quando um cliente não alcança o escore necessário para aprovação do crédito, o vendedor vai alterando as características do comprador até que seu escore alcance o mínimo necessário. Uma forma de controlar e evitar esse tipo de fraude é controlando quantas vezes o vendedor altera os dados de um proponente em um curto intervalo de tempo. Esse tipo de controle é simples e importante. Note que procedimentos fraudulentos dessa natureza afetam a qualidade do banco de dados a partir do qual se desenvolverá um futuro modelo.

Uma empresa de telefonia adota procedimento mais drástico: se um proponente não é aprovado na primeira imputação de dados, esse proponente somente poderá ser escorado novamente após 90 dias.

10.5.3 Homologação do sistema

10.5.3.1 Teste do sistema de cálculo de escores e classificação em classes

Para homologação do sistema de cálculo de escores recomenda-se um teste "à mão". A equipe responsável pela implantação deve preparar um conjunto com cem ou mais solicitações de crédito, escolhidas intencionalmente de modo a cobrir uma série de situações possíveis (*missing values*, *outliers*, empresas de diferentes portes, concordatárias etc.) para verificar se:

— as diferentes variáveis da fórmula estão sendo trazidas das bases de dados de forma correta e manipuladas adequadamente;

— o escore está sendo calculado corretamente;

— a classificação em classes de risco é correta;

— as informações fornecidas na tela ou relatórios impressos estão de acordo com o especificado.

Para verificar os itens anteriores, os cálculos deverão ser realizados em paralelo, manualmente ou com auxílio de planilha de dados, sem interação com o sistema em homologação.

10.5.3.2 Teste de operação do sistema

Além da verificação dos cálculos descritos anteriormente, futuros usuários, escolhidos pelo responsável pela implantação, deverão simular consultas ao sistema. O objetivo é verificar se o acesso ao sistema pode ser realizado corretamente por indivíduos que irão operar o sistema, mas que não estiveram envolvidos com a implantação ou com o desenvolvimento do modelo.

10.5.3.3 Homologação

O sistema só poderá ser homologado se os testes anteriormente citados forem realizados com sucesso.

10.5.4 Envolvimento de outras áreas

O cálculo do escore pode depender de informações adquiridas, analisadas, imputadas ou geradas por outras áreas do credor ou por agentes externos à instituição. Alterações nestes processos de trato dos dados podem ter impacto no cálculo do escore. As áreas envolvidas devem ser conscientizadas de sua importância no processo e das consequências que as mudanças por elas introduzidas terão na eficácia do modelo. É importante que a direção do credor estabeleça diretrizes no que tange ao processo de alimentação e manipulação de dados para o credit scoring como:

Implantação do modelo

— não efetuar quaisquer alterações em processos que envolvam a aquisição ou imputação de dados sem prévia consulta ou comunicação ao responsável pelo modelo de escoragem;

— comunicar imediatamente, por escrito, a esse responsável quaisquer modificações nesses processos envolvendo manipulação de dados;

— uniformizar a digitação de informações que envolvam abreviações, criando um banco de abreviações para uso pelos digitadores. Esse banco deverá ser disponibilizado para a equipe de desenvolvimento. Por exemplo, na digitação do nome de cidades ou profissões, o problema das abreviações é sério.

Se o credor atuar em diferentes setores da economia é importante que mantenha uma área para análise econômica setorial, ou adquira essas informações de *bureaus* ou consultorias especializadas. Alterações em determinados setores da economia podem ter sério impacto na capacidade das empresas de honrar seus compromissos de crédito. A equipe responsável pela gestão do modelo, de posse desses alertas, poderá tomar medidas preventivas interferindo nas decisões de crédito para esses setores.

10.6 EDUCAÇÃO E TREINAMENTO DOS USUÁRIOS

A automação da avaliação do risco do crédito representa uma séria mudança cultural no procedimento das empresas credoras. Como toda mudança, passada a fase da curiosidade, surgem a desconfiança e o medo de perder o emprego ou de tomar decisões erradas. É condição necessária para o sucesso do modelo que as barreiras naturais decorrentes dessa mudança sejam removidas. Isto requer a "educação" dos envolvidos direta ou indiretamente no uso do modelo.

Um aspecto sempre negligenciado em nosso país, e talvez no exterior, é o treinamento e a educação dos usuários para o correto aproveitamento do sistema de escoragem. Nossa experiência mostra que em muitos casos os usuários do modelo não têm a menor noção do que seja credit scoring ou qual a sua lógica, ou não têm ideia do que seja probabilidade – o elemento base do sistema. Sem conhecer a ferramenta de trabalho o suficiente para poder confiar nela, os resultados mais prováveis serão a imputação de informações falsas, o excesso de *overrides*, ou mesmo o boicote ao uso do modelo.

A equipe responsável pela implantação deverá treinar os usuários para o uso consciente e correto do modelo. Por meio de workshops e manuais de treinamento devem:

140

- explicar o que é um credit scoring, dar uma ideia simples de seu desenvolvimento, exemplificar o tipo de variáveis[3] utilizadas, caracterizar o que se entende por bom e mau cliente de crédito etc.;
- enfatizar a importância de entrada correta dos dados, sem alterações que possam comprometer o sistema e prejudicar as informações armazenadas no SADC;
- orientar como proceder no caso de codificações duvidosas ou características não consideradas nas telas de entrada. Abreviações de tipos de profissões e estados civis não incluídos na definição operacional dessa variável são casos típicos;
- orientar os funcionários na ponta da linha acerca de como comunicar ao cliente uma decisão de recusa de crédito em função dos escores ou das políticas de crédito adotadas.

Uma sugestão interessante é preparar conjunto de propostas/fichas para treinamento e solicitar aos usuários que façam uso simulado do sistema. Certamente as dúvidas aparecerão e poderão ser esclarecidas a tempo.[4]

Os manuais do usuário (necessários, mas raramente disponíveis) deverão conter a tradicional seção de *perguntas frequentes* (FAQ, em inglês). O ideal é manter um site com todas essas informações, que seja atualizado periodicamente em função das dúvidas que forem surgindo. Além disso, deve ser montado um esquema de atendimento aos usuários do sistema de escoragem, com um dos analistas do desenvolvimento sempre disponível para atender às dúvidas que poderão ocorrer na ponta da linha e que deverão ser sanadas praticamente no ato da consulta.

10.7 LIBERAÇÃO PARA OPERAÇÃO DE ROTINA

Uma vez satisfeitas todas as determinações anteriores, o modelo poderá ser liberado para uso pelos analistas e demais usuários do sistema.

---

[3] Nunca devemos informar quais são as variáveis que compõem a fórmula para evitar manipulações posteriores. Devemos relacionar um conjunto de variáveis muito mais amplo que o selecionado para a fórmula, explicando que algumas dessas variáveis foram consideradas no cálculo.

[4] Lamentavelmente, não conhecemos nenhuma instituição que faça este tipo de conscientização e treinamento com a profundidade desejada e necessária.

11

Gestão e monitoramento do modelo

11.1 INTRODUÇÃO

Para garantir o bom funcionamento de um modelo de credit scoring ao longo do tempo é necessário que ele seja monitorado continuamente. Em geral, esse monitoramento ou não é realizado (caso mais frequente) ou não é feito de maneira adequada. É comum encontrar modelos totalmente ultrapassados ou operando com falhas, e que continuam sendo utilizados para a tomada de decisão de crédito. Além de conduzir a decisões equivocadas, seu mau desempenho acaba minando a confiança na utilização de modelos estatísticos.

A gestão do modelo de credit scoring envolve três grandes atividades:

— auditorias periódicas do processo;

— monitoramento da estabilidade populacional;

— monitoramento do poder preditivo.

Para cada uma dessas atividades, devemos definir **o que**, **como** e **quando** fazer e, principalmente, quais as **ações corretivas** quando detectamos problemas.

11.2 AUDITORIA

As atividades de auditoria da operação do modelo e do sistema de decisão devem, em princípio, verificar se:

- as especificações (definições operacionais) para as variáveis estão sendo respeitadas, quer na aquisição dos dados, quer na sua adequação para uso na fórmula de escoragem;

- os escores estão sendo calculados corretamente e os clientes classificados nas classes de risco correspondentes;

- as decisões de crédito decorrentes dessas avaliações de risco continuam de acordo com as regras estabelecidas pela política de crédito;

- o tratamento dos *overrides* obedece ao definido na implantação do sistema.

11.2.1 Quando realizar as auditorias

A periodicidade recomendada para as auditorias é semestral ou anual. Se entre duas auditorias um ou mais fatos (escores inconsistentes, mudanças de equipamentos de informática, novos procedimentos de entrada de dados etc.) suscitarem preocupações com a validade do sistema, uma auditoria operacional do sistema deverá ser realizada.

11.2.2 Como realizar a auditoria

A equipe de auditora deverá, a cada auditoria, selecionar aleatoriamente uma amostra de cem empresas. A amostra deverá ser estratificada de forma a garantir que contenha empresas cujas informações são imputadas de formas distintas nos bancos de dados que alimentam o sistema de escores (por exemplo, mídia eletrônica enviada por *bureaus* de crédito, entrada via digitação a partir de documentos "em papel", desabonos enviados por diferentes fontes etc.). As verificações especificadas a seguir serão realizadas com base nessa amostra de empresas.

11.2.3 O que verificar

A seguir apresentamos uma sugestão de itens que deverão ser auditados pela equipe. Essa relação deve ser considerada um mínimo e poderá ser incrementada a critério das equipes de desenvolvimento ou de auditoria.

- Fontes de aquisição dos dados
  - Houve mudança de fornecedor de informações?
  - Novos bancos de dados internos?

Gestão e monitoramento do modelo

- Qualidade das informações: continua sendo verificada?

- Fichas e documentos: Alterações nas fichas cadastrais? Novos campos?

- Os dados necessários para cálculo das variáveis utilizadas na fórmula de escoragem estão sendo imputados corretamente?

— Variáveis

- Definição operacional continua válida e respeitada?

- Codificação e digitação corretas?

- Cálculo das variáveis utilizadas é feito de forma adequada?

- Transformação e categorização de variáveis estão corretas?

— Escores e classes de risco

- Os escores estão sendo calculados de forma correta? (Verificar/recalcular alguns escores a mão).

- As probabilidades de ser bom ou mau cliente estão sendo calculadas corretamente?

- Classificação em classes de risco está correta?

— *Overrides*

- Os *overrides* estão sendo registrados?

- Os motivos estão sendo justificados?

— Regras de decisão

- Os filtros (regras que identificam indivíduos para os quais o crédito não será concedido por determinação da política de crédito do credor) estão sendo aplicados corretamente?

- As políticas de crédito estão sendo seguidas e claramente comunicadas?

- O sistema de informações gerenciais (SADC) está sendo corretamente alimentado?

- As informações relativas às operações de crédito e aos pagamentos das parcelas estão sendo registradas?

- As informações estão sendo corretamente transmitidas aos usuários?

— Segurança do sistema

- O controle de *log-in* para imputação de informações (caso exista) está funcionando corretamente?

- Informações confidenciais estão sendo acessadas por usuários?

144 Credit Scoring

— Comunicação entre áreas envolvidas

– Comunicação de alterações à equipe de desenvolvimento foram feitas regularmente?

– A equipe de desenvolvimento recebe *feedback* da área de crédito?

— Utilização do sistema

– Os usuários estão imputando os dados corretamente?

11.2.4 Relatório da auditoria

Após completar a auditoria, a equipe responsável deverá relatar as não conformidades encontradas.

O gestor do modelo e a equipe de desenvolvimento deverão analisar estes resultados e:

— avaliar seu impacto sobre a validade e confiabilidade do sistema de escores;

— tomar as medidas corretivas necessárias;

— definir um plano de ação (com rotinas "a prova de erros") para evitar que essas não conformidades voltem a ocorrer.

11.3 MONITORAMENTO DA ESTABILIDADE POPULACIONAL

11.3.1 Introdução

Modelos de credit scoring são ferramentas de previsão estatística. Como toda ferramenta de previsão estatística, sua eficácia baseia-se na premissa de que "o futuro será igual ao passado". **Estabilidade populacional** significa que as distribuições de frequências dos escores e das variáveis envolvidas não se alteram ao longo do tempo. O perfil dos indivíduos sendo escorados atualmente ("comportamento futuro") deve ser o igual ao perfil dos indivíduos que compunham a amostra de desenvolvimento ("comportamento passado").

Vários fatores podem alterar o perfil do mercado que buscam crédito e, dessa forma, afetar seriamente o poder preditivo de um modelo. Alguns desses fatores são: ações da concorrência, mudanças na estratégia de mercado do credor, mudanças nos mercados nacional ou global devidos à ação de agentes reguladores, alterações dos cenários sociais ou econômicos em geral. Por exemplo, para conter a demanda houve recentemente um rumor de que o governo reduziria o prazo máximo de

Gestão e monitoramento do modelo

financiamento de automóveis para 36 meses. Se isso acontecesse, modelos desenvolvidos com amostras em que o número máximo de parcelas superassem a casa das 60 parcelas poderiam perder seu poder preditivo.

O monitoramento deve contemplar:

— a estabilidade da distribuição de frequências dos escores;

— a estabilidade das distribuições de frequências das variáveis do modelo;

— o impacto de alterações nas distribuições das variáveis da fórmula no cálculo dos escores.

Os estudos relativos ao primeiro e segundo itens geram os chamados **estudos de estabilidade populacional** (*Population Stability Studies*). Os relativos ao último item são conhecidos por **estudos do impacto das características populacionais** (*Characteristic Analysis Studies*). Se tivermos alterações nas distribuições das variáveis, provavelmente teremos instabilidade dos escores.[1]

As análises de estabilidade consistem basicamente na comparação das distribuições dos escores e das variáveis ao longo do tempo com as correspondentes *distribuições de referência*, que são as distribuições observadas na amostra de desenvolvimento. A comparação entre as distribuições é feita utilizando testes estatísticos apropriados – Kolmogorov-Smirnov, Qui-quadrado ou utilizando o IEP (**índice de estabilidade populacional**) baseado na medida de informação de Kulbak, por exemplo.

Quando forem detectadas alterações na estabilidade populacional, ações corretivas devem ser delineadas e postas rapidamente em prática.

11.3.2 O que monitorar

As distribuições de frequências que devem ser monitoradas são as seguintes:

— distribuição dos escores;

— distribuições das variáveis que compõem a fórmula de cálculo;

— distribuições das variáveis de interesse que não entrem na fórmula;

---

[1] A menos que haja uma mudança autocompensatória na distribuição conjunta das variáveis, o que é pouco provável.

146   Credit Scoring

—   proporção de empresas não escoradas, por tipo de filtro de crédito;

—   *overrides* por classes de risco.

No caso de *overrides,* não contamos com a distribuição de referência, pois não dispomos desses casos ao selecionar a amostra (na realidade, não faz sentido pensar em *overrides* antes de ter o modelo em operação!). Deveremos construir a distribuição de referência nos primeiros meses de utilização do sistema.

As análises dos itens anteriores podem ser segmentadas, por exemplo, por região geográfica, por setor (comércio, indústria, primário e serviços), ramo de atividade etc. Nossa recomendação é que avaliemos a estabilidade populacional das distribuições dos escores e das variáveis sem segmentar a amostra. Caso observemos alterações, podemos analisar as distribuições segmentando-as para localizar a eventual causa. O importante é que em cada segmento disponhamos de dados em número suficiente para que os resultados das análises estatísticas sejam confiáveis.

Mudanças de perfil não ocorrem, em geral, de forma abrupta. As análises de estabilidade periódicas dão sinais de tendências de mudança.

11.3.3 Periodicidade

Deverá ser estabelecido um calendário de monitoramento dos escores e das variáveis. Recomendamos que a distribuição dos escores seja monitorada com maior frequência que a das variáveis. No entanto, independentemente das periodicidades recomendadas para as análises das variáveis, em caso de alterações na distribuição dos escores é necessário analisar a estabilidade populacional das variáveis da fórmula.

A instabilidade das variáveis que compõem a fórmula de escoragem pode não provocar alteração nas distribuições dos escores se:

—   as variáveis que apresentarem instabilidade tiverem pouco peso na fórmula e/ou

—   as alterações entre as variáveis se autocompensarem. Este caso é pouquíssimo provável e não será considerado.

Alterações significantes em variáveis que não compõem a fórmula de escoragem não causarão alterações nas distribuições dos escores. No entanto, sempre é importante acompanhar estas variáveis, pois podem tornar-se úteis em uma futura revisão da fórmula.

Na Tabela 11.1, apresentamos uma sugestão de periodicidade para as análises.

Gestão e monitoramento do modelo

Tabela 11.1 Periodicidade de monitoramento (sugestão)

Elemento a ser monitorado	Periodicidade
Distribuição dos escores	Mensal ou bimestral
Distribuições das variáveis da fórmula	Anual
Distribuições das outras variáveis de interesse	Anual
Proporção de empresas por categoria de filtro	Trimestral

Em casos emergenciais, em que situações "especiais" sugerem a possibilidade de alterações no mercado, a frequência das monitorias deve ser aumentada convenientemente. Por outro lado, o monitoramento poderá ser espaçado convenientemente de acordo com os resultados dos estudos de estabilidade.

11.3.4 Distribuições de referência

As distribuições de referência são as distribuições de frequências das variáveis e dos escores na amostra de desenvolvimento do sistema. Elas representam o comportamento das variáveis no período histórico considerado no modelo (vide Capítulo 1). Essas distribuições devem constar da documentação do modelo especificada no Capítulo 10.

Para ilustrar os testes e análises estatísticas que apresentaremos a seguir para as Livrarias Dorela (vide Apêndice 2), a distribuição de referência dos escores é dada na Tabela 11.2 e a distribuição de referência da variável *Idade* é apresentada na Tabela 11.3.

Para o teste de estabilidade populacional, preferimos utilizar a distribuição de frequências com classes de frequências aproximadamente iguais. Devemos observar que, quanto maior o número de casos em cada classe, tanto mais confiável será o resultado do teste. Como a amostra da Dorela não é grande, utilizamos apenas dez classes de frequências.

Tabela 11.2 Distribuição de referência dos escores – Livraria Dorela

SCR	Total
000-473	10,2%
474-557	9,8%
558-608	10,1%
609-645	10,4%
646-665	9,6%
666-695	10,6%
696-729	9,8%
730-785	10,6%
786-846	9,6%
847-1.000	9,3%
Total	100,0%

Tabela 11.3 Distribuição de referência de idade – Livraria Dorela

Idade	Total
31 ou menos	21,3%
32-38	23,0%
39-43	16,4%
44-51	20,3%
52 ou mais	19,0%
Total	100,0%

11.3.5 Amostragem e informações para monitoramento

Nas datas definidas para o monitoramento, deve-se selecionar uma **amostra para monitoramento**. A amostra deve ser composta por solicitações de crédito "recentes", por exemplo, dos 2 ou 3 meses que precedem a data do monitoramento. Não devemos incluir solicitações antigas, pois podemos camuflar alterações de perfil (temos que trabalhar com uma "fotografia" atual). Quanto maior o número de casos, mais confiáveis serão os resultados dos testes de estabilidade.

Após a seleção da amostra, devemos preparar os dados para os testes de monitoramento do modelo. Para as solicitações contidas na amostra de monitoramento, devemos obter, calcular e armazenar as informações seguintes:

— último escore calculado;

— variáveis utilizadas no modelo (valor original da variável e o valor transformado);

— variáveis não utilizadas no modelo, mas de interesse dos analistas.

O arquivo com essas informações deverá ser corretamente identificado e guardado por um longo período de tempo (2 ou 3 anos). A razão disto é permitir analisar tendências de alteração das distribuições.

11.3.6 Análise da estabilidade populacional

11.3.6.1 Análise visual

A primeira análise da estabilidade populacional deve ser visual, comparando graficamente as distribuições de frequências de referência com as distribuições da amostra de monitoramento. Devemos avaliar se as diferenças são significativas. Essa avaliação preliminar deverá ser ratificada com base em testes estatísticos.

Por exemplo, vamos admitir que após um período de tempo, na data de monitoramento, a distribuição de frequências dos escores utilizados pelas Livrarias Dorela

Gestão e monitoramento do modelo

seja a apresentada na Tabela 11.4 com a distribuição de referência. Os gráficos correspondentes encontram-se na Figura 11.1.

Analisando o gráfico da Figura 11.1, temos a impressão de não haver diferenças significativas. A maior diferença é de aproximadamente 1,5%.

Tabela 11.4 Distribuições dos escores – Livrarias Dorela

SCR	Distribuição de referência	Distribuição para monitoramento
000-473	10,20%	9,30%
474-557	9,80%	10,20%
558-608	10,10%	11,00%
609-645	10,40%	8,70%
646-665	9,60%	9,00%
666-695	10,60%	11,10%
696-729	9,80%	10,20%
730-785	10,60%	9,50%
786-846	9,60%	10,40%
847-1.000	9,30%	10,60%
Total	100,00%	100,00%

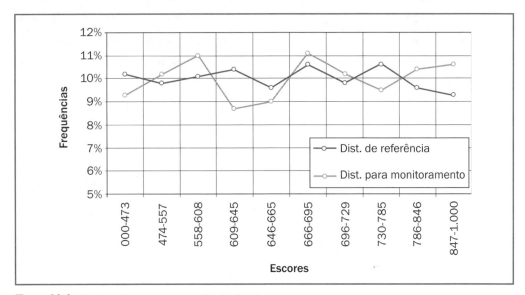

Figura 11.1 Distribuições dos escores – Livrarias Dorela

11.3.7 Análise estatística

Quando a análise visual sugere alterações nas distribuições de frequências, deveremos proceder a testes estatísticos para avaliar a distância entre as distribuições e concluir se as distribuições de referência e de monitoramento diferem significantemente.

Os testes mais utilizados para esse fim são:

— Teste de homogeneidade utilizando a distribuição $\chi 2$ (qui-quadrado). Este teste é encontrado em praticamente todos os textos de estatística básica. Apesar de ser o teste de homogeneidade mais utilizado, não o recomendamos para o monitoramento das distribuições em credit scoring. Para grandes amostras (que é o caso mais comum em credit scoring), este teste é muito sensível, sugerindo diferenças significantes, mesmo que sejam pequenas e irrelevantes do ponto de vista prático.

— Teste de Kolmogorov-Smirnov (KS). Este teste, para variáveis contínuas, pode ser encontrado em Costa Neto (1977) ou Siegel & Castellan (2006). O teste (aproximado) pode ser aplicado para variáveis contínuas agrupadas em classes. Não devemos utilizar o teste quando o número de classes de frequências for menor que 10. (No caso do teste de KS, não necessitaríamos agrupar os escores em classes, sendo apenas necessário ordená-los em ordem crescente).

— Teste utilizando a medida de divergência de Kulback (IV: *information value*) (Thomas, Edelman e Crook, 2002; Duarte e Lecumberri, 2003). Este é o teste mais recomendado na literatura de credit scoring. A estatística IV, quando aplicada para avaliar a estabilidade populacional, recebe a denominação de Índice de Estabilidade Populacional (IEP, ou mais usualmente, PSI, do inglês). O teste pode ser utilizado para comparar as distribuições de variáveis categorizadas (qualitativas ou quantitativas).

Para apresentar esses testes, vamos adotar a seguinte notação:

k = número de categorias da variável cujas distribuições de referência e monitoramento estão sendo comparadas

n_r = número de indivíduos da amostra de referência

n_m = número de indivíduos da amostra de monitoramento

R_i = número de indivíduos na categoria i (i=1,...,k) da amostra de referência

M_i = número de indivíduos na categoria i (i=1,...,k) da amostra de monitoramento

r_i = proporção de indivíduos na categoria i (i=1,...,k) da amostra de referência = R_i/n_r

m_i = proporção de indivíduos na categoria i (i=1,...,k) da amostra de monitoramento = M_i/n_m

Fr_i = distribuição acumulada até o limite superior da classe i (i=1,..,k) da amostra de referência

Fm_i = distribuição acumulada até o limite superior da classe i (i=1,..,k) da amostra de monitoramento

Gestão e monitoramento do modelo

11.3.7.1 Teste de Kolmogorov-Smirnov

Calculamos as frequências acumuladas para a distribuição de referência e para a distribuição de monitoramento. Lembramos que neste caso não é necessário agrupar os indivíduos em classes.

Sejam $D_i = |Fr_i - Fm_i|$ a diferença, em valor absoluto, entre as frequências acumuladas para cada valor de i (i=1,...,k) e $D = Max (D_i)$ o maior valor dessas diferenças considerando todas a categorias.

Vamos definir D^* como segue:

$$D^* = 1,36\left(\sqrt{k} + 0,12 + \frac{0,11}{\sqrt{k}}\right)^{-1}$$

Se $D > D^*$, rejeitamos a igualdade das distribuições ao nível de 5% de significância.[2] Em outras palavras, $D > D^*$ significa que há fortes evidências de que as distribuições diferem.

Na Tabela 11.5, mostramos o cálculo de D para as Livrarias Dorela.

Tabela 11.5 Teste KS – Livrarias Dorela

SCR	r_i	m_i	Fr_i	Fm_i	D_i
000-473	0,102	0,093	0,102	0,093	0,009
474-557	0,098	0,102	0,200	0,195	0,005
558-608	0,101	0,11	0,301	0,305	0,004
609-645	0,104	0,087	0,405	0,392	0,013
646-665	0,096	0,09	0,501	0,482	0,019
666-695	0,106	0,111	0,607	0,593	0,014
696-729	0,098	0,102	0,705	0,695	0,010
730-785	0,106	0,095	0,811	0,790	**0,021**
786-846	0,096	0,104	0,907	0,894	0,013
847-1.000	0,093	0,106	1,000	1,000	0,000

$D = 0,021$ e $D^* = 0,41$. Portanto, não há evidências estatísticas de que as distribuições difiram, confirmando nossa análise visual.

---

[2] Substituindo na fórmula o coeficiente 1,36 por 1,63, teremos o valor crítico para 1% de significância.

11.3.7.2 Teste utilizando a medida de divergência de Kulback (IV ou IEP)

O Índice de Estabilidade Populacional (IEP) equivale à medida de valor da informação (IV) desenvolvida por Kulback (1968, apud Duarte e Lecumberri, 2003).

$$IEP = \left(r_i - m_i\right) \times \ln\left(\frac{r_i}{m_i}\right) = \sum\left(r_i - m_i\right) \times WOE$$

O cálculo do IEP para as Livrarias Dorela encontra-se na Tabela 11.6.

Tabela 11.6 Cálculo do IEP – Livrarias Dorela

Escores	r_i	m_i	r_i-m_i	r_i/m_i	$\ln(r_i/m_i)$	$(r_i-m_i) \times \ln(r_i/m_i)$
000-473	0,102	0,093	0,009	1,097	0,092	0,0008
474-557	0,098	0,102	-0,004	0,961	-0,040	0,0002
558-608	0,101	0,110	-0,009	0,918	-0,085	0,0008
609-645	0,104	0,087	0,017	1,195	0,178	0,0030
646-665	0,096	0,090	0,006	1,067	0,065	0,0004
666-695	0,106	0,111	-0,005	0,955	-0,046	0,0002
696-729	0,098	0,102	-0,004	0,961	-0,040	0,0002
730-785	0,106	0,095	0,011	1,116	0,110	0,0012
786-846	0,096	0,104	-0,008	0,923	-0,080	0,0006
847-1.000	0,093	0,106	-0,013	0,877	-0,131	0,0017
						IEP = 0,0091

Uma regra empírica utilizada por vários autores para avaliar IEP é a apresentada no Quadro 11.1 (Thomas, Edelman e Crook, 2002):

Quadro 11.1 Valores referenciais para IEP

IEP < 0,1 → não houve alteração
0,1 < IEP < 0,25 → possível alteração
IEP > 0,25 → mudanças significantes de perfil

Em nosso caso, o valor de IEP = 0,009, muito baixo, confirma o observado na análise gráfica, ou seja, não há diferença significante entre as distribuições.

11.3.7.3 Análise das distribuições das variáveis

Quando os testes anteriores sugerirem mudança entre as distribuições dos escores, deveremos analisar as distribuições das variáveis que compõem a fórmula na busca das causas da diferença entre as distribuições dos escores.

Aplicamos o teste baseado no IEP descrito no item anterior. Caso encontremos diferenças significativas entre as distribuições de referência e de monitoramento da variável, deveremos tomar ações corretivas que serão sugeridas adiante.

Antes de discutir essas ações é interessante avaliar o impacto que a alteração em uma variável pode provocar no valor da função discriminante Z. A **Avaliação do Impacto da Variável** (AIV) sugerida por Thomas, Edelman e Crook (2002) pode ser útil nesse diagnóstico, especialmente para variáveis com grande peso na fórmula. A AIV consiste basicamente em analisar qual a alteração média no valor de Z (a partir do qual calculamos o escore) provocada pela alteração da distribuição da variável considerada. Vamos ilustrar a aplicação do AIV por meio de um exemplo fictício.

Admitamos que os Estados da federação onde as empresas têm suas sedes tenham sido agrupados em três categorias, A, B e C. Seja EST a denominação desta nova variável, com três categorias. As distribuições de referência e monitoramento da variável EST são dadas na Tabela 11.7 e ilustradas na Figura 11.2.

Tabela 11.7 Distribuições de EST

Categoria	r_i	m_i
A	0,42	0,36
B	0,18	0,40
C	0,40	0,24

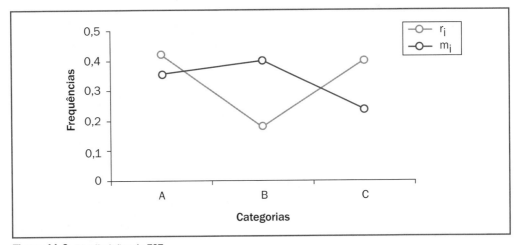

Figura 11.2 Distribuições de EST

A tabela e a análise gráfica sugerem diferenças entre as distribuições. O valor do IEP neste caso é 0,27, que, de acordo com a regra empírica, evidencia diferença significante!

A transformação de EST em binárias gera duas novas variáveis EST1 e EST2. Admitamos que o peso dessas duas variáveis na função linear (Z) da regressão logística sejam 0,25 e –0,40, respectivamente.

Tabela 11.8 Pesos das variáveis EST1 e EST2

Categoria	EST1	EST2	Pesos (w)
A	0	0	0
B	1	0	0,25
C	0	1	–0,40

Vamos agora calcular o AIV para a variável EST:

Tabela 11.9 Cálculo de AIV para a variável EST

Categoria	w	r_i	m_i	$m_i - r_i$	$w \times (m_i - r_i)$
A	0	0,42	0,36	–0,06	0,000
B	0,25	0,18	0,40	0,22	0,055
C	–0,40	0,40	0,24	–0,16	0,064
					Soma = 0,119

Isso significa que, em média, o valor de Z crescerá de 0,119. Após avaliar o impacto de todas as variáveis, devemos verificar qual o impacto da soma dos desvios no cálculo dos escores.

Uma alternativa de ação de contingência sugerida na literatura é corrigir o valor de Z com base nesse desvio. Isso significa trabalhar com um novo valor de Z para calcular os escores:

$$Z_{corrigido} = Z - \text{soma dos desvios}$$

Em nosso caso, $Z_{corrigido} = Z - 0,119$.

A AIV é uma boa técnica de diagnóstico. Mas não deve ser vista como uma alternativa ao desenvolvimento de um novo modelo. Quando uma amostra baseada nas novas características populacionais estiver disponível, devemos recalcular a função linear Z.

Gestão e monitoramento do modelo

11.4 AÇÕES EM CASO DE INSTABILIDADE POPULACIONAL

Alguns pontos que os analistas devem verificar quando ocorre instabilidade são, por exemplo:

— A alteração é significativa do ponto de vista prático?

— Em que classes de escores observamos as maiores mudanças?

— Qual o impacto dessas alterações no escore?

   – Redução da taxa de aprovação?

   – Tendência a escores mais altos?

— Identificação das possíveis causas da alteração

— Que variáveis tiveram sua distribuição alterada?

   – Quais as causas dessas mudanças?

A resposta a essas questões poderá guiar a tomada de ações corretivas.

11.4.1 Instabilidade dos escores – Ações de contingência

Se forem detectadas diferenças significativas nas distribuições dos escores, devemos averiguar as possíveis causas para tomar as ações corretivas (ações de contingência) adequadas.

O foco de atenção deve ser a análise da estabilidade das variáveis que compõem a fórmula. A equipe deve analisar o cenário socioeconômico do país, as ações da concorrência e outros fatos relevantes para entender e verificar qual o motivo dessas alterações.

Se houverem diferenças relevantes nas variáveis que compõem a fórmula, devemos avaliar o impacto destas nos escores (AIV). O impacto pode ser pequeno quando se trata de variável de pouco peso na fórmula. Neste caso, a equipe de desenvolvimento pode optar por manter a fórmula atual sem prejuízo na classificação das empresas. Se, no entanto, consistir de variável com grande peso na fórmula, a equipe deverá avaliar uma das seguintes alternativas:

— Nada fazer (dependendo da causa).

— Cancelar temporariamente o uso da fórmula de escoragem.

   Esta solução parece simples, mas provavelmente ninguém autorizaria a tomada de uma ação tão drástica depois que o modelo de scoring estiver em operação.

Em casos extremos (como uma regulamentação do governo que implique alterações drásticas na economia),[3] acreditamos ser uma opção a considerar. De que vale ter um modelo que dá previsões não confiáveis?

— **Rodar novo modelo**

Sem dúvida, esta seria a melhor alternativa. Não se trata de uma ação de contingência, mas, sim, de uma ação corretiva. Problema: o desenvolvimento de um novo modelo depende da disponibilidade de uma amostra baseada nas novas características de mercado e operação; teremos que aguardar o prazo suficiente (que pode ser de muitos meses) para que possamos classificar os clientes destas novas safras em bons ou maus clientes.

A mudança no perfil dos clientes é sinal claro de alteração de perfil do mercado e algumas variáveis importantes no modelo em vigor podem ter perdido poder discriminador. Outras variáveis, que não estão sendo utilizadas no cálculo do escore, podem tornar-se influentes.

— **Alterar os limites das classe de risco e das políticas de crédito para cada classe**

Para tomar decisões neste sentido, os analistas devem entender como os novos escores se distribuem. Por exemplo, se os novos escores são bem mais baixos que os esperados pela distribuição de referência, podemos estar frente a uma queda na qualidade dos solicitantes. A confirmação dependerá da análise das variáveis da fórmula e da situação de mercado – análise feita por experientes analistas de crédito em conjunto com os analistas que desenvolveram o modelo.

Havendo alterações nas distribuições dos escores por classes de risco, devemos rever as políticas de crédito para melhor adequá-las ao novo mercado.

— **Corrigir o escore Z com base nos resultados da AIV**

Como já comentamos, esta deve ser apenas uma solução temporária; o AIV é mais adequado para análise das causas de alteração do que para correção da fórmula. Não recomendamos seu uso.

---

[3] Os analistas mais antigos devem certamente lembrar-se do impacto dos "pacotes econômicos" no mercado de crédito

Gestão e monitoramento do modelo

11.5 MONITORAMENTO DO DESEMPENHO DE UM MODELO

11.5.1 Introdução

Ao implantar um sistema de credit scoring (modelo e regras de concessão de crédito), espera-se que ele permita alcançar os objetivos para os quais foi desenvolvido. Em geral, esses objetivos contemplam uma redução na porcentagem de maus clientes aprovados pelo sistema e um aumento na rentabilidade das operações. Avaliar periodicamente se esses objetivos estão sendo alcançados é o foco do **monitoramento de desempenho**.

Para melhor entender este procedimento, vamos inicialmente definir o que se entende por **safra de operações efetivadas**: é um conjunto de operações de um mesmo tipo, escoradas pelo mesmo modelo, em um mesmo intervalo de tempo, aprovadas e efetivadas logo após sua aprovação, dentro das mesmas regras de estruturação da operação. O intervalo de tempo a que nos referimos deve ser suficientemente curto para que as condições de mercado se mantenham estáveis. Em geral, consideramos operações escoradas em um mesmo mês e efetivadas logo após sua aprovação. Esse intervalo de tempo poderia ser um pouco mais longo, trimestral, por exemplo.

Ao monitorar o desempenho de um sistema, analisamos indicadores de desempenho, calculados para as operações de uma dada safra. Por exemplo, podemos analisar a porcentagem de clientes em cada classe de risco que se tornaram maus no período de 6 meses que sucede à data da efetivação do contrato. Ou podemos analisar o percentual de parcelas pagas com atraso superior a 7 dias nos primeiros 12 meses após a efetivação do contrato de crédito.

Além de analisar os valores desses indicadores, devemos avaliar sua eventual evolução ao longo do tempo.

A utilização de um bom modelo de escoragem associado a regras de crédito inadequadas (limites de crédito, taxas, prazos de financiamento etc.) conduz a resultados indesejados. Além disso, como os analistas de crédito definem regras mais conservadoras para clientes de maior risco (o que é absolutamente correto), as porcentagens de maus clientes em classes de maior risco serão provavelmente reduzidas e, eventualmente, comparáveis a essas porcentagens nas classes de menor risco. Isso deve ser considerado um ponto positivo e não como uma deficiência do sistema.

Podemos comparar/mesclar operações de safras distintas desde que tomemos cuidado para que:

— tenham sido concedidas sob as mesmas condições de mercado, mesmo tipo de operações e utilizando os mesmos sistema de credit scoring e regras de crédito;

158   Credit Scoring

— consideremos o mesmo número de meses após a efetivação do contrato (operações com a mesma idade).

Por exemplo, se desejamos comparar os primeiros 6 meses em uma operação de financiamento de autos, concedidos em meses distintos, podemos mesclar as informações coletadas durante os diferentes períodos de 6 meses após a efetivação de cada contrato como ilustrado no Quadro 11.2:

Quadro 11.2 Operações de mesma idade

	2007								2008		
Maio	Jun.	Jul.	Ago.	Set.	Out.	Nov.	Dez.	Jan.	Fev.	Mar.

A parte escura denota o mês da efetivação e a parte mais clara o período de observação do comportamento dos clientes. Diremos que as operações analisadas têm 6 meses de idade.

11.5.2 Amostragem para avaliação de desempenho

Para a avaliação de desempenho, selecionamos uma amostra aleatória de operações com k meses de idade. Por exemplo, se desejamos avaliar o desempenho dos créditos concedidos, nos primeiros 6 meses, podemos selecionar operações efetivadas em diferentes datas e analisar seu comportamento nesse período, desde que tomemos os cuidados recomendados na seção anterior.

Devemos trabalhar com grandes amostras de operações para garantir uma margem de erro não muito grande ao estimar os indicadores de desempenho a partir dessas amostras. Quanto maior a amostra, mais confiáveis serão as estimativas dos indicadores.

11.5.3 Indicadores de desempenho não estatísticos

Exemplos de indicadores de desempenho são dados a seguir:

— a porcentagem de clientes que se tornaram maus clientes no período observado;

— a porcentagem de parcelas pagas com atraso;

Gestão e monitoramento do modelo

— a porcentagem de operações com um ou mais atrasos superiores a 30 dias ao fim do período de k meses;

— a porcentagem de *overrides* que se tornaram maus nesse período, segmentando o cálculo pelo motivo que justificou a interferência;

— indicadores de perdas em valores monetários (valores lançados como prejuízos);

— as porcentagens de recuperação de crédito (em número de operações ou em valores monetários) por classe de risco etc.

Uma medida interessante é a porcentagem de contratos aprovadas pelo sistema, mas não efetivadas pelos proponentes, por classe de risco.

No caso de modelos elaborados e comercializados por *bureaus* de crédito, a análise de desempenho realizada pelo *bureau* não pode, em geral, considerar a evolução do comportamento do tomador ao longo do tempo. Os clientes do *bureau* solicitam a escoragem de um proponente e, posteriormente, não informam qual foi a decisão de crédito em função desse escore. A única forma de verificar a efetividade do modelo é analisando a ocorrência de desabonos em um período de k meses após a data de escoragem, para empresas ou pessoas físicas cujos escores foram calculados pelo *bureau*. Exemplos de indicadores são:

— número de desabonos das empresas ou pessoas físicas por classes de risco (falências, concordatas requeridas, concordatas deferidas, protestos, cheques sem fundos etc.);

— desabonos dos sócios de empresas (falências, concordatas requeridas, concordatas deferidas, protestos, cheques sem fundos etc.);

— desabonos das empresas das quais o indivíduo escorado é sócio.

11.5.4 Monitoramento do desempenho do modelo utilizado à medida AR

No Capítulo 8, desenvolvemos o conceito do PEA – Perfil de Eficiência Acumulada (*Cumulative Accuracy Profiles*) e do indicador AR, a ele associado. Vimos que quanto maior o valor de AR, melhor o poder preditivo do modelo. Justificamos também o porquê da preferência de AR sobre o popular KS.

Uma forma de acompanhar o desempenho de um modelo é calculando periodicamente o PEA, comparando o correspondente valor de AR com o valor de referência (obtido com a amostra de desenvolvimento) e, principalmente, avaliando sua evolução ao longo do tempo. Uma redução significativa no valor de AR indica uma deterioração do modelo na separação de bons e maus pagadores.

Segundo Crouhy, Galai e Mark (2008), o indicador AR seria a técnica mais popular empregada atualmente para validação do desempenho. Não acreditamos que essa seja a realidade em nosso país. Provavelmente, a alternativa mais comum seja a comparação do indicador KS ao longo do tempo. Mas, como reiteramos anteriormente, nossa preferência recai sobre o PEA (AR).

11.5.5 Exemplos de relatórios de acompanhamento

Quadro 11.3a Relatório de acompanhamento

Taxas de inadimplência após a data de efetivação			
Classe de risco	Período		
	3 meses	6 meses	12 meses
1			
2			
3			
....			

Quadro 11.3b Relatório de acompanhamento

% parcelas pagas com atraso superior a 7 dias		
Classe de risco	6 primeiras parcelas	12 primeiras parcelas
1		
2		
3		
....		

Quadro 11.3c Relatório de acompanhamento

Taxa de inadimplência dos *overrides* 6 meses após início do contrato										
	Escore alterado (devido à interferência)									
	1	2	3	4	5	6	7	8	...	...
Escore original 1										
2										
3										
4										
5										
6										
7										
8										
...										
...										

Gestão e monitoramento do modelo

11.6 MATRIZ DE MIGRAÇÃO

A **matriz de migração** retrata a variação das avaliações dos riscos de empresas ou pessoas físicas entre duas datas distintas. Por exemplo, podemos analisar as migrações dos escores entre uma determinada data e 12 meses após.

O Quadro 11.4 é um exemplo de matriz de migração de um sistema de escoragem que considera apenas cinco classes de risco. Os escores dessas empresas foram calculados em 31/12/2006 e em 31/12/2007. Das empresas classificadas na classe 1 (menor risco) em 31/12/2006, 93,0% mantiveram essa classificação em 31/12/2007; 5,0% migraram para a classe 2 e 2,0% para a classe 3. Nas classes de maior risco, notamos maior migração para outras classes. Esse comportamento é usual.

Quadro 11.4 Matriz de migração

		Classes de risco em 31/12/2007				
		1	2	3	4	5
Classes de risco em 31/12/2006	1	93,0%	5,0%	2,0%		
	2	5,0%	88,0%	5,0%	2,0%	
	3		7,0%	84,0%	5,0%	4,0%
	4	1,0%	3,0%	11,0%	78,0%	7,0%
	5		4,0%	9,0%	15,0%	72,0%

Devemos tomar cuidado ao analisar as matrizes de migração e ao extrapolar seus resultados. As migrações em determinado período podem ser fortemente influenciadas por situações peculiares ocorridas nesse período. Por exemplo, pela ocorrência de eleições nesse período.

Para obter uma matriz de migração mais estável, correspondente a um determinado intervalo de tempo (6 meses, por exemplo), devemos considerar as matrizes de migração correspondentes a diferentes safras de proponentes nesse intervalo de 6 meses. Obtemos depois a média das porcentagens para cada célula da matriz. Se as amostras das safras são de mesmo tamanho, a soma das porcentagens será igual a 100%. É uma forma de mitigar a volatilidade das migrações em razão de fatores que afetam o mercado de crédito. Mas não será necessariamente uma boa estimativa da matriz de migrações no semestre seguinte.

11.6.1 Análise da matriz de migração

Se o mercado do credor for estável, espera-se que os escores de um indivíduo não apresentem grande variação ao longo do tempo, especialmente em períodos curtos de tempo (3 ou 6 meses). Quanto maior o período de tempo retratado pela matriz de migração maior a flutuação esperada dos escores.

Isso significa que a diagonal da matriz (que representa a porcentagem de indivíduos cujos escores não se alteraram) deve apresentar valores altos. À medida que nos afastamos da diagonal, para cima ou para baixo, as porcentagens devem decrescer monotonicamente, indicando que as migrações de escores apresentam alterações cada vez menores. Com frequência, a proporção de empresas que passou para a categoria de escores adjacente é superior à proporção de empresas que pularam duas categorias no período e assim sucessivamente.

Estudos realizados com matrizes de *ratings* mostram que a instabilidade dos *ratings* é tanto maior quanto pior a classificação da empresa. As porcentagens "fora da diagonal" da matriz serão maiores para as categorias correspondentes aos maiores riscos (Caouette, Altman e Narayanan, 1998).

Matrizes de migração, cujo comportamento difere de forma significativa do acima descrito, sugerem alterações no cenário socioeconômico afetando o mercado de crédito. Podem sugerir também que o modelo não tem poder de previsão a longo prazo. De qualquer forma, devemos identificar as possíveis causas e se necessário rever o modelo.

Comparando as matrizes de migração de sucessivas safras, podemos identificar tendências de migração ao longo do tempo.

Referências bibliográficas

Anderson J. A. (1982). Logistic Discrimination. In: Krishnaiah P. R.; Kanal L. N. (eds.). *Handbook of statistics*, v. 2, North Holland Publishing Company.

Barth N. L. (2004). *Inadimplência:* construção de modelos de previsão. Nobel, São Paulo.

Caouette J. B.; Altman E. I.; Narayanan P. (1998): *Managing credit risk:* the next great financial challenge. Wiley & Sons, New York.

Costa Neto P. L. O. (1977). *Estatística*. Blucher, São Paulo.

Crook J. N.; Basanik J. (2002). Does reject inference really improve the performance of application scoring models? *Working Paper Series* n. 2/3, Credit Research Center, The School of Management, University of Edinburgh.

Crouhy M.; Galai D.; Mark R. (2008). *Fundamentos da gestão de risco*. Qualitymark, Rio de Janeiro.

Duarte Jr. A. M.; Lecumberri L. F. L. (2003). Uma metodologia para o gerenciamento de modelos de escoragem em operações de crédito de varejo no Brasil. *Revista de Economia Aplicada*, v. 7, n. 4, p. 795-818.

Engelman B.; Rauhmeier R. (2006). *The basel II risk parameters:* estimation, validation and stress testing. Springer Berlin, Heidelberg.

Hand D. J. (1998). Reject inference in credit operations. In: Mays E. (ed.) *Credit risk modeling design and application*. Dearborn Publishers, Chicago.

Hand D. J.; Henley W. E. (1997). Statistical Classification Methods in Consumer Credit Scoring: a Review? *Journal of the Royal Statistical Society A*, v. 160 part 3, p. 523-41.

Hosmer W. H. Jr.; Lemeshow S. (1989). *Applied logistic regression*. John Wiley & Sons, New York.

Johnson R. A. e Wichern D. W. (1992). *Applied multivariate statistical analysis*. Prentice Hall, Engelwood Cliffs.

Lachenbruch P. A. (1968). Estimation of error rates in discriminant analysis. *Technometrics*, v. 10, n. 1, p. 1-11.

Lewis E. M. (1992). *An introduction to credit scoring*. 2. ed. Athena Press, San Rafael.

Makuch W. M. (1998). *Scoring applications*. In: E. Mays (ed.) *Credit risk modeling – design and application*, Glenlake Publishing, Chicago.

Sharma S. (1996). *Applied multivariate techniques*, J. Wiley & Sons, New York.

Siddiqi N. (2006). *Credit risk scorecards:* developing and implementing intelligent credit scoring. John Wiley & Sons, Hoboken.

Siegel S.; Castellan Jr. N. J. (2006). *Estatística não paramétrica para ciências do comportamento*. 2. ed. Artmed, Porto Alegre.

Sobehart, Keenan; Stein (2000). Benchmarking Quantitative Default Risk Models: A Validation Methodology. Moody´s Investors Service, Global Credit Research.

Thomas L. C.; Edelman D. B.; Crook J. N. (2002) *Credit scoring and its applications*. SIAM Publishing, Philadelphia.

Tomasella S. M. O.; Pedroso A. C.; Sicsú A. L. (2008). *Análise empírica dos indicadores KS e ROC*. Relatório de pesquisa, Centro de Excelência Bancária, FGV – EAESP, São Paulo.

Verstraeten G.; Van Den Poel D. (2005). The impact of sample bias on consumer credit scoring performance and profitability. *Journal of the Operational Research Society* (JORS), v. 56, n. 8, p. 981-92.

Apêndice 1
Análise discriminante e regressão logística

A1.1 INTRODUÇÃO

A **análise discriminante** tem por objetivo classificar um indivíduo E em dois ou mais grupos, admitindo que E pertença a um deles. A classificação baseia-se no grau de similaridade de E com os indivíduos de cada grupo. A similaridade é medida em função de p variáveis $(X_1, X_2, . ., X_p)$ que caracterizam os indivíduos dos grupos.

Por simplificação, vamos restringir-nos apenas à discriminação entre dois grupos e destacar os tópicos relevantes para o desenvolvimento da fórmula de escoragem. O leitor interessado em um maior detalhamento da Análise Discriminante e sua extensão para o caso de três ou mais populações deve consultar livros específicos de análise estatística multivariada, como Johnson e Wichern (1992) ou Sharma (1996).

A1.2 FUNÇÃO DISCRIMINANTE LINEAR

A **função discriminante linear** entre dois grupos (G1 e G2) é uma função linear de p **variáveis discriminadoras** $X_1, X_2, ..., X_p$ que permite classificar um indivíduo em um desses dois grupos. Podemos representá-la por

$$Z = b_o + b_1 \times x_1 + b_2 \times x_2 + ... + b_m \times x_m$$

Em que b_0 é uma constante, $b_1, b_2, ..., b_p$ são denominados **pesos** das variáveis e Z é denominado **escore** do indivíduo, cujas características são $X_1 = x_1$, $X_2 = x_2$, ..., $X_p = x_p$.

Dado um valor predefinido Z_0, quando $Z \geq Z_0$, classificamos o indivíduo no grupo G1; caso contrário, o indivíduo é classificado em G2. No jargão de credit scoring, o valor Z_0 é denominado **ponto de corte**.

Há várias formas de obter uma função discriminante linear e vários critérios para determinar Z_0. Uma das formas de obter a função discriminante linear é utilizando regressão logística.

A1.3 REGRESSÃO LOGÍSTICA

A regressão logística permite estimar a probabilidade de que um indivíduo E pertença ao grupo G1 (que denominaremos **grupo evento**). A probabilidade de que pertença ao grupo G2 é igual 1 menos esse valor. A escolha de G1 ou G2 como grupo evento é arbitrária e não afeta a classificação dos indivíduos. Neste texto, o grupo G1 é o grupo dos bons e o grupo G2 o grupo dos maus.

O modelo logístico fundamenta-se na validade da relação

$$\ln[\frac{P(\text{bom})}{1 - P(\text{bom})}] = \beta_0 + \beta_1 \times x_1 + \beta_2 \times x_2 + ... + \beta_p \times x_p$$

Denotando a função linear por Z, teremos

$$Z = \beta_0 + \beta_1 \times x_1 + \beta_2 \times x_2 + ... + \beta_p \times x_p \quad \Rightarrow \quad \ln[\frac{P(\text{bom})}{1 - P(\text{bom})}] = Z$$

portanto

$$P(\text{bom}) = \frac{e^Z}{1 + e^Z} = \frac{1}{1 + e^{-Z}}$$

A variação de P(bom) com Z pode ser vista na Figura A.1.1

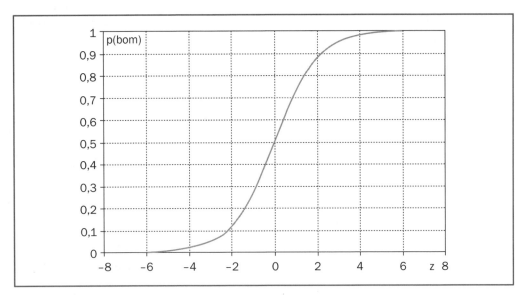

Figura A1.1 Curva logística

Note-se que:

— P(bom) é uma função de Z: quanto maior o valor de Z, maior será o valor de P(bom).

— O valor de P(bom) será utilizado para classificar um indivíduo como bom ou mau cliente. Se P(bom) ≥ k (em que k é um valor predeterminado), o indivíduo será classificado como bom; caso contrário, será classificado como mau.

— Para valores inferiores a Z = –6 ou superiores a Z = 6, a P(bom) é muito próxima de zero. Em particular, para Z = 6, temos P(bom) = 0,998 (99,8%) e para Z = –6 temos P(bom) = 0,002 (0,2%).

Para valores altos de Z, a probabilidade P(bom) não varia linearmente com Z, especialmente nos extremos. Isso é um fator positivo em credit scoring, pois, para certas variáveis, diferentes valores acima (ou abaixo) de um determinado valor não afetam, em termos práticos, a probabilidade de que um solicitante seja bom. Por exemplo, a probabilidade de que um idoso seja bom praticamente não varia se o indivíduo tiver 70 anos ou mais.

Uma função discriminante linear distinta poderia ser obtida diretamente com auxílio da regressão linear múltipla. No entanto, graças à não linearidade de P(bom) com Z preferimos utilizar a regressão logística, que tem também outras vantagens:

As condições de validade estatística do modelo logístico são menos restritivas que as da regressão linear múltipla.

A regressão logística prevê diretamente a probabilidade de bom (ou mau) de um indivíduo, fornecendo os valores previstos entre 0 e 1.

Nos casos em que a regressão linear múltipla é adequada, a regressão logística também o é.

A1.3.1 Estimação dos parâmetros β

Denotamos por b_i as estimativas dos parâmetros β_i (i=0,1,..., p). Para estimar esses parâmetros da regressão logística, ou seja, para obter os valores de b_i, utiliza-se o método da máxima verossimilhança. Os softwares estatísticos disponíveis no mercado permitem estimar esses pesos rapidamente.

A1.3.2 Seleção de variáveis

Nem todas as variáveis potenciais identificadas no início de um projeto são necessárias para obter um modelo eficaz de credit scoring. Algumas variáveis, contrariando a expectativa inicial, não têm poder discriminador. Outras variáveis estão relacionadas entre si e, ao considerar algumas delas no modelo, a inclusão das demais não contribuirá significativamente para a melhoria do mesmo.

Ao construir um modelo de credit scoring, devemos então proceder à seleção das variáveis que definirão a fórmula de escoragem. Temos que definir um método de seleção de variáveis e um critério de parada (ou seja, um critério que nos diga quando parar de incluir ou excluir variáveis do modelo).

Os métodos de seleção mais utilizados são:

— *Forward selection*

As variáveis são selecionadas e adicionadas ao modelo, uma a uma. A seleção para quando a inclusão de qualquer nova variável não implicar melhoria do poder discriminador do modelo.

— *Backward elimination*

A seleção inicia-se com um modelo contendo todas as variáveis disponíveis. Variáveis são excluídas gradativamente, uma a uma, até que a exclusão de qualquer variável comprometa o poder discriminador do modelo.

Apêndice 1: Análise discriminante e regressão logística

— *Stepwise (forward)*

Este método é uma mescla das duas técnicas anteriores. As variáveis são gradativamente adicionadas ao modelo. Após a inclusão de uma nova variável, é verificado se variáveis incluídas anteriormente podem ser excluídas devido à entrada da nova variável. Este é o método mais utilizado de seleção de variáveis.

Os métodos anteriores podem conduzir a diferentes conjuntos de variáveis e, portanto, a diferentes modelos. Nem sempre o modelo que melhor atende aos critérios estatísticos será o escolhido para implantação. Para tomar essa decisão, a equipe que desenvolveu o modelo de credit scoring deverá discutir os diferentes modelos com os responsáveis pela área de crédito da empresa credora. A responsabilidade pela operação do modelo de credit scoring na concessão de crédito é da direção da empresa credora (especialmente dos responsáveis pela área de crédito) e não do analista estatístico. Por isso, os analistas de crédito devem participar dessa decisão.

Em muitas situações, o analista deseja "forçar" a seleção de algumas variáveis. Essa decisão pode decorrer da experiência dos analistas de crédito (que consideram essa variável extremamente relevante). Por exemplo, os analistas de crédito podem ficar desconfortáveis se o modelo para pessoas jurídicas não incluir a variável *Endividamento*. O analista de credit scoring deve então "forçar" a inclusão dessa variável e comparar o modelo resultante com os modelos obtidos sem essa variável. Se o poder discriminador dos diferentes modelos for praticamente o mesmo, a utilização do modelo com a variável *Endividamento* pode auxiliar na aceitação do modelo. O que não deve ser feito é incluir uma variável quando isso conduz a um modelo pouco eficaz, apenas para atender a uma solicitação da área de crédito. O analista de credit scoring inexperiente muitas vezes é levado a isso, pressionado pela justificativa de experiência dos analistas de crédito.

Destacamos neste texto a importância de que um modelo de credit scoring considere variáveis de diferentes famílias para caracterizar de forma ampla e justa o solicitante de crédito. Quando temos algumas variáveis com altíssimo poder preditivo, isso pode não ocorrer (variáveis superdiscriminadoras, segundo denominação de Siddiqi, 2006). Após serem selecionadas (o que ocorre sempre nos primeiros passos da seleção de variáveis), ofuscam o poder discriminador de outras variáveis que, consequentemente, não serão incluídas no modelo.

Para contornar esse problema, podemos utilizar a **seleção de variáveis em blocos** conforme sugerido por Siddiqi (2006). Recomendamos que os analistas de modelagem sempre utilizem a seleção de variáveis com e sem o recurso dos blocos, e comparem os modelos resultantes.

A lógica da seleção por blocos é a seguinte: agrupamos as variáveis potenciais em blocos ou famílias; as variáveis de um bloco devem ter características comuns. Por exemplo, o Bloco I será formado por variáveis cadastrais, o Bloco II por variáveis financeiras e o Bloco III por variáveis que indiquem os desabonos de crédito. O algoritmo seleciona inicialmente as variáveis do Bloco I, ignorando as variáveis dos demais blocos. Admita que foram escolhidas, por exemplo, *Idade da empresa*, *Tem sede própria* e *Número de sócios*. Na segunda etapa, o algoritmo seleciona as variáveis do Bloco II que melhor discriminam em conjunto com as variáveis já selecionadas do Bloco I. Admita que sejam selecionadas *Endividamento* e *Rentabilidade do Patrimônio Líquido*. Na terceira etapa, o algoritmo seleciona as variáveis do Bloco II que melhor discriminam em conjunto com as variáveis já selecionadas dos Bloco I e Bloco II.

Como o objetivo da seleção por blocos é que variáveis de diferentes famílias constituam o modelo de credit scoring, evitando que as variáveis mais fortes camuflem as informações das demais, devemos ordenar os blocos deixando os que contêm as variáveis superdiscriminadoras para o fim. Nem sempre isso é viável, pois essas variáveis podem estar distribuídas entre as diferentes famílias. Neste caso, podemos formar apenas uma família com as variáveis superfortes e proceder como descrevemos acima. A Figura A1.2 sintetiza esse procedimento:

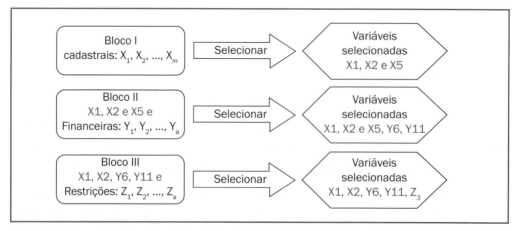

Figura A1.2 Seleção por blocos

Apêndice 1: Análise discriminante e regressão logística

Finalmente, é interessante comentar uma questão que provoca discussões entre alguns analistas de credit scoring. Se uma variável dá origem a k variáveis binárias, e uma dessas k variáveis for selecionada, devemos forçar a entrada das demais k-1 binárias ou podemos trabalhar apenas com parte dessas k binárias? Em nossa opinião, a seleção das binárias pode ser parcial, ou seja, não é necessário que todas as k binárias sejam incluídas no modelo; devem ser tratadas como variáveis distintas.

A1.3.3 Análise do ajuste do modelo

O modelo de regressão logística é adequado para estimar as probabilidade de que um indivíduo se torne bom ou mau cliente? Uma maneira de avaliar esse ajuste é comparando as probabilidades estimadas com as probabilidades reais. O teste de Hosmer e Lemshow (Hosmer e Lemeshow, 1989) testa o ajuste do modelo comparando a distribuição de probabilidades reais e distribuição de probabilidades estimadas com auxílio em um teste de aderência baseado na estatística χ^2.

Vale destacar que mesmo que um modelo não seja adequado para estimar corretamente essas probabilidades, ele talvez possa ser útil para discriminar os solicitantes de crédito. A discriminação se baseará na ordenação dos valores da função Z. Quanto maior o escore Z de um indivíduo, maior a probabilidade de que ele pertença ao grupo de bons clientes. Portanto, podemos definir um ponto de corte ou as classes de risco com base no escore Z e posteriormente classificar os indivíduos conforme o correspondente valor de Z.

A1.3.4 Correções para o caso de amostragem estratificada

Quando trabalhamos com amostras de bons e maus clientes selecionadas separadamente, a amostra final, que resulta da fusão dessas duas amostras estratificadas, será utilizada no desenvolvimento do modelo. Em geral, os tamanhos dessas duas amostras não são proporcionais às porcentagens de bons e maus na população.

O modelo de regressão logística obtido com essa amostra poderá ser utilizado para calcular os escores (Z) que permitirão discriminar os clientes. Quanto maior for o escore de um solicitante maior será a probabilidade de que se torne um bom cliente. No entanto, como o método de estimação leva em consideração as proporções amostrais, a estimativa da probabilidade P(bom) fornecida pelo modelo é incorreta.

Por exemplo, admitamos que 10% ($\pi_m = 0,10$, probabilidade a priori de ser mau) dos clientes do mercado de um credor (população de solicitantes) são maus.

Se selecionarmos duas amostras de clientes, uma de bons clientes e outra de maus clientes, ambas de mesmo tamanho, na amostra de desenvolvimento, teremos 50% de bons e 50% de maus. Esses valores diferem das proporções de 90% e 10% de bons e maus, respectivamente, entre os clientes potenciais do credor.

Há duas alternativas para contornar esse problema.

— Ponderar as observações. No caso do exemplo acima, se cada bom cliente for ponderado pelo peso 9 e cada mau pagador pelo peso 1, a amostra "ponderada" equivale a repetir a amostra de bons 9 vezes e manter a amostra de maus original. Quando as amostras separadas não são do mesmo tamanho, os fatores de ponderação devem ser tais que resultem em uma relação final de 9 bons para 1 mau. Por exemplo, se tivéssemos selecionado uma amostra de 2.000 bons e uma de 1.000 maus clientes, então os pesos seriam respectivamente iguais a 4,5 e 1,0. Os softwares estatísticos permitem fazer essa ponderação de maneira simples.

— Corrigir o termo constante da função linear Z. Anderson (1982) demonstrou que para o caso de amostras separadas a correção deverá ser feita como segue:

$$b_0^{corrigido} = b_0^{original} + \ln(\frac{\pi_b}{\pi_m} \times \frac{n_m}{n_b})$$

π_b e π_m são as probabilidades a priori de ser bom ou mau, n_b e n_m os tamanhos das amostras originais de bons e de maus clientes.

Note-se que alterando apenas o valor de b_o, não alteramos a ordenação das probabilidades estimadas. Se a probabilidade, estimada com a amostra original, de que um indivíduo A seja bom cliente for maior que a do indivíduo B, após a correção essa ordenação se mantém.

Não há consenso sobre qual o melhor método utilizar. A correção do b_o parece ser a preferida por ser mais simples.

Apêndice 2

Livrarias Dorela

Livrarias Dorela é uma cadeia de livrarias que tem quiosques nos principais supermercados das grandes capitais brasileiras. Há aproximadamente 16 meses, em junho de 2007, a Dorela começou a financiar as compras de livros em até 6 parcelas. A taxa de juros é extremamente baixa, pois a empresa considera esse tipo de financiamento uma obrigação social.

A concessão de crédito é feita de acordo com um escore definido subjetivamente pelo antigo diretor de crédito. A taxa de rejeição de solicitações de crédito é estimada em 30%. Os resultados do financiamento não têm se mostrado muito satisfatórios em termos de rentabilidade.

O Sr. Baptista, novo diretor de crédito da Dorela, que havia atuado como gestor de crédito de uma grande cadeia varejista de moda feminina e tinha experiência no uso de modelos estatísticos, decidiu construir um modelo de *application scoring*. Para desenvolver o modelo, coletou uma amostra aleatória de 3.000 clientes cujo financiamento foi efetivado no período de julho de 2007 a junho de 2008. Como data de referência, (To) considerou a data de efetivação da primeira compra financiada e como período de performance os 6 meses seguintes a essa data. Se um cliente teve mais de um financiamento aprovado no período, considerou apenas as informações relativas ao primeiro financiamento.

Considerando a baixa taxa cobrada, um atraso superior a 30 dias não é financeiramente interessante para a Dorela. Clientes que no período de performance apresentaram pelo menos um atraso superior a 30 dias foram considerados maus. Caso contrário, foram classificados bons.

Para controle das operações de crédito, o Sr. Baptista criou um pequeno banco de dados em que registra:

— informações cadastrais dos tomadores de crédito;

— informações relativas às compras (tipo de revistas adquiridas, tipos de livros adquiridos, número de livros comprados por mês, data da última compra etc.);

— informações relativas às operações de crédito (número de parcelas, valor financiado, datas de pagamento, atrasos nos pagamentos etc.).

Em um primeiro momento, a direção da Dorela pensou em trabalhar apenas com informações internas. A Credfox, empresa brasileira de informações comerciais, acreditando no potencial dessa cadeia de livrarias, ofereceu tarifas econômicas para consultas a desabonos de mercado. A Dorela hoje compra da Credfox uma informação simplificada: fornece o CPF do cliente via Internet e a Credfox informa se o cliente possui ou não um ou mais desabonos em aberto no mercado, sem especificar o tipo ou quantidade de desabonos. Esses desabonos podem ser protestos, cheques sem fundo e ações de busca e apreensão. Graças à utilidade dessa informação, a Dorela está pensando em investir em informações mais detalhadas relativas a esses e outros tipos de desabonos.

As variáveis disponíveis para elaboração do modelo são descritas no Quadro A2.1.

Quadro A2.1 Variáveis para desenvolvimento do *application scoring*

Variável	Descrição			
STATUS	Caracterização do cliente		1 = bom	0 = mau
IDADE	Em anos completos			
UNIFED	Unidade da Federação em que reside	SP	RJ	Outros
RESID	Tipo de residência	0 = em branco 2 = alugada		1 = própria 3 = outros
FONE	Telefone residencial	0 = em branco	1 = sim	2 = não
INSTRU	Grau de instrução	0 = em branco 2 = médio		1 = fundamental 3 = superior
CARTÃO	Possui cartão de primeira linha?	0 = em branco	1 = sim	2 = não
RESTR	Possui desabonos (protesto, cheque sem fundos e ações de busca e apreensão) em To?		1 = sim	0 = não
FICÇÃO	Comprou apenas livro(s) de ficção?		1 = sim	0 = não
NÃO FICÇÃO	Comprou apenas livro(s) de não ficção?		1 = sim	0 = não
AUTOAJUDA	Comprou apenas livro(s) de autoajuda?		1 = sim	0 = não
CATEG	Comprou dois ou mais livros de diferentes tipos?		1 = sim	0 = não

Apêndice 2: Livrarias Dorela

As últimas quatro variáveis referem-se aos produtos sendo financiados.

A2.1 ANÁLISE DAS VARIÁVEIS E TRANSFORMAÇÕES

Neste apêndice vamos analisar as variáveis potenciais. O cálculo da função discriminante e demais etapas no desenvolvimento do modelo de credit scoring são apresentados no texto do livro, a partir do Capítulo 7.

A2.1.1 IDADE – Em anos completos

Como o número de maus é pequeno, ao discretizar as variáveis quantitativas, vamos trabalhar inicialmente com cinco categorias com aproximadamente 20% de frequência em cada uma. A variável discretizada foi denominada VNT_IDADE.

Tabela A2.1 Distribuição da variável IDADE

VNT_IDADE	Bom	Mau	Total	Bom	Mau	Total
31 ou menos	464	174	638	72,7%	27,3%	100,00%
32-38	544	146	690	78,8%	21,2%	100,00%
39-43	392	100	492	79,7%	20,3%	100,00%
44-51	512	98	610	83,9%	16,1%	100,00%
52 ou mais	488	82	570	85,6%	14,4%	100,00%
Total	2.400	600	3.000	80,0%	20,0%	100,00%

Esta variável não apresenta *outliers* nem valores em branco. Notamos que, à medida que a idade aumenta, a porcentagem de maus pagadores decresce, o que é usual em modelos de credit scoring. Vamos manter essa categorização e gerar as variáveis binárias ordenadas correspondentes.

Tabela A2.2 Binárias correspondentes à IDADE

VNT_IDADE	BIDADE_1	BIDADE_2	BIDADE_3	BIDADE_4
31 ou menos	0	0	0	0
32-38	1	0	0	0
39-43	1	1	0	0
44-51	1	1	1	0
52 ou mais	1	1	1	1

A2.1.2 UNIFED – Unidade da Federação em que reside

Tabela A2.3 Distribuição da variável UNIFED

UNIFED	Bom	Mau	Total	Bom	Mau	Total
OUTROS	568	214	782	72,6%	27,4%	100,0%
RJ	984	130	1.114	88,3%	11,7%	100,0%
SP	848	256	1.104	76,8%	23,2%	100,0%
Total	2.400	600	3.000	80,0%	20,0%	100,0%

Notamos que o Rio de Janeiro parece ser melhor que os demais Estados. Poderíamos até pensar em agrupar São Paulo com OUTROS, mas vamos manter a categorização atual e gerar as *dummies*.

Tabela A2.4 Binárias correspondentes à UNIFED

UNIFED	BSTATE_RJ	BSTATE_SP
OUTROS	0	0
RJ	1	0
SP	0	1

A2.1.3 RESID – Tipo de residência

Tabela A2.5 Distribuição da variável RESID

RESID	Bom	Mau	Total	Bom	Mau	Total
(2) ALUG	280	104	384	72,92%	27,08%	100,00%
(1) PROP	2.120	496	2.616	81,04%	18,96%	100,00%
Total	2.400	600	3.000	80,00%	20,00%	100,00%

Não observamos casos em branco ou tipo "outros". Aparentemente, como é usual na maioria dos modelos de credit scoring, os indivíduos que residem em casa alugada apresentam maior risco.

Tabela A2.6 Binária correspondente RESID

RESID	BRESID
ALUG	0
PROP	1

Apêndice 2: Livrarias Dorela

A2.1.4 FONE – Telefone residencial

Tabela A2.7 Distribuição da variável FONE

FONE	Bom	Mau	Total	Bom	Mau	Total
NÃO	232	52	284	81,69%	18,31%	100,00%
SIM	2.168	548	2.716	79,82%	20,18%	100,00%
Total	2.400	600	3.000	80,00%	20,00%	100,00%

Há poucos casos com FONE = NÃO. Aparentemente esta variável não apresenta poder discriminador significativo (as porcentagens de bom e mau muito próximas das porcentagens da amostra como um todo).

Tabela A2.8 Binária correspondente a FONE

FONE	BFONE
NÃO	0
SIM	1

A2.1.5 INSTRU – Grau de instrução

Tabela A2.9 Distribuição da variável INSTRU

INSTRU	Bom	Mau	Total	Bom	Mau	Total
MV	608	126	734	82,83%	17,17%	100,00%
FUND&MED	568	234	802	70,82%	29,18%	100,00%
SUP	1.224	240	1.464	83,61%	16,39%	100,00%
Total	2.400	600	3.000	80,00%	20,00%	100,00%

Neste caso temos uma grande quantidade de (MV) *missing values* (734 em 3000!); no que tange a risco, a probabilidade de bons dessa categoria é similar à dos que têm curso superior, fato que não conseguimos explicar com as informações disponíveis. Alguém poderia aventar a possibilidade de serem analfabetos. Como não há como averiguar, manteremos essa categoria como MV.

Tabela A2.10 Binárias correspondentes a INSTRU

INSTRU	BINST_PR_SEC	BINST_SUP
MV	0	0
FUND&MED	1	0
SUP	0	1

A2.1.6 CARTÃO – Possui cartão de primeira linha?

Tabela A2.11 Distribuição da variável CARTÃO

CARTÃO	Bom	Mau	Total	Bom	Mau	Total
MV	56	22	78	71,79%	28,21%	100,00%
NÃO	488	168	656	74,39%	25,61%	100,00%
SIM	1.856	410	2.266	81,91%	18,09%	100,00%
Total	2.400	600	3.000	80,00%	20,00%	100,00%

Temos pequena quantidade de *missing values*, motivo pelo qual não será conveniente manter como categoria isolada. Como seu perfil de risco é próximo ao da categoria NÃO, vamos fundi-la com esta categoria. Além do perfil de risco, faz sentido assumir que clientes que não possuem cartão tenham deixado a informação em branco!

Tabela A2.12 Binária correspondente a CARTÃO

CARTÃO	BCARD
MV ou NÃO	0
SIM	1

A2.1.7 RESTR – Possui desabonos (protesto, cheque sem fundos e ações de busca e apreensão) em To?

Tabela A2.13 Distribuição da variável RESTR

RESTR	Bom	Mau	Total	Bom	Mau	Total
NÃO	2.176	386	2.562	84,93%	15,07%	100,00%
SIM	224	214	438	51,14%	48,86%	100,00%
Total	2.400	600	3.000	80,00%	20,00%	100,00%

A maior parte dos clientes não tem restrições. Os clientes com restrições estão com baixíssima probabilidade de serem bons clientes. A análise das porcentagens por linha sugere que esta variável deve ter alto poder discriminador.

Tabela A2.14 Binária correspondente a RESTR

RESTR	BRESTR
NÃO	0
SIM	1

Apêndice 2: Livrarias Dorela

A2.1.8 FICÇÃO – Comprou apenas livro(s) de ficção?
Tabela A2.15 Distribuição da variável FICÇÃO

FICÇÃO	Bom	Mau	Total	Bom	Mau	Total
NÃO	769	275	1044	73,66%	26,34%	100,00%
SIM	1.631	325	1.956	83,38%	16,62%	100,00%
Total	2.400	600	3.000	80,00%	20,00%	100,00%

Pequena diferença entre os dois tipos de clientes.

Tabela A2.16 Binária correspondente à FICÇÃO

FICÇÃO	BFIX
NÃO	0
SIM	1

A2.1.9 NÃO FICÇÃO – Comprou apenas livro(s) de não ficção?
Tabela A2.17 Distribuição da variável NÃO FICÇÃO

NÃO FICÇÃO	Bom	Mau	Total	Bom	Mau	Total
NÃO	2.280	572	2.852	79,94%	20,06%	100,00%
SIM	120	28	148	81,08%	18,92%	100,00%
Total	2.400	600	3.000	80,00%	20,00%	100,00%

O número de clientes que comprou livros de não ficção é muito pequeno e as porcentagens não mostram uma diferença tão significativa que compense utilizar esta variável. Será ignorada no estudo.

A2.1.10 AUTOAJUDA – Comprou apenas livro(s) de autoajuda?
Tabela A2.18 Distribuição da variável AUTOAJUDA

AUTOAJUDA	Bom	Mau	Total	Bom	Mau	Total
NÃO	1.676	185	1.861	90,06%	9,94%	100,00%
SIM	724	415	1.139	63,56%	36,44%	100,00%
Total	2.400	600	3.000	80,00%	20,00%	100,00%

A porcentagem de maus pagadores dentro da categoria de compradores de livros de autoajuda (36,44%) é mais alta que a do mercado (20,00%). A de bons pagadores é bem mais baixa (9,94%) que a do mercado. Esta variável parece ter bom potencial discriminador.

Tabela A2.19 Binária correspondente à AUTOAJUDA

AUTOAJUDA	BAUTAJ
NÃO	0
SIM	1

A2.1.11 CATEG – Compra dois ou mais livros de diferentes tipos?

Tabela A2.20 Distribuição da variável CATEG

CATEG	Bom	Mau	Total	Bom	Mau	Total
NÃO	1.073	366	1.439	74,57%	25,43%	100,00%
SIM	1.327	234	1.561	85,01%	14,99%	100,00%
Total	2.400	600	3.000	80,00%	20,00%	100,00%

A maior porcentagem de maus clientes está entre os clientes que adquiriram livros de apenas um tipo. Clientes que compraram mais de um tipo têm risco muito menor. A variável aparenta bom potencial discriminador.

Tabela A2.21 Binária correspondente à CATEG

CATEG	BCAT
NÃO	0
SIM	1